AF295429

Bibliografische Information der Deutschen Nationalbibliothek:

Die Deutsche Nationalbibliothek verzeichnet diese Publikation in der Deutschen Nationalbibliografie; detaillierte bibliografische Daten sind im Internet über http://dnb.d-nb.de abrufbar.

Impressum:

Copyright © 2016 Studylab

Ein Imprint der GRIN Verlag, Open Publishing GmbH

Druck und Bindung: Books on Demand GmbH, Norderstedt, Germany

Coverbild: ei8htz

Steffen Scherer

Mikrofinanz.

Eine ethische und nachhaltige Anlage oder Rendite auf Kosten der Ärmsten?

2014

Inhaltsverzeichnis

Abbildungsverzeichnis 6

Tabellenverzeichnis 7

Abkürzungsverzeichnis 8

1. Einleitung 9

    1.1. Problemstellung 9

    1.2. Ziel und Aufbau der Arbeit 10

2. Ethisches und nachhaltiges Investment 11

    2.1. Einordung von ethischen und nachhaltigen Investments 11

        2.1.1. Definition des ethischen Investments 11

        2.1.2. Definition eines nachhaltiges Investments 12

    2.2. Ziele und Aufgaben des ethischen und nachhaltigen Investments 13

3. Grundlagen Mikrofinanz 15

    3.1. Geschichte und Definition von Mikrofinanz 15

        3.1.1 Definition von Mikrofinanz 15

        3.1.2. Die Historie von Mikrofinanz 16

    3.2. Akteure auf dem Mikrofinanzsektor 18

        3.2.1. Abnehmer der Mikrokredite 18

        3.2.2. Investoren 20

        3.2.3. Mikrofinanzinstitutionen 22

    3.3. Aufbau und Funktionsweise von Mikrokrediten 25

    3.4. Problematik der Mikrokredite 28

    3.5. Vorteile der Mikrokredite 29

4. Möglichkeiten des Investment 31

    4.1. Renditeorientierte Fonds 32

        4.1.1. Dual Return Fund -Vision Microfinance 32

        4.1.2. responsAbility Global Microfinance Fund 35

        4.1.3. Invest in Vision 38

    4.2. Fonds mit dualem Anlageziel 40

        4.2.1. Triodos Fair Share Fund 41

4.3. Entwicklungsfonds 43

    4.3.1. Oikocredit 43

    4.3.2. Calvert Foundation 45

4.4. Direktes Investment in MFI 47

4.5. Beurteilung des Rendite – Risiko Profils 48

    4.5.1. Analyse des Risikoprofils 48

    4.5.2. Beurteilung der Rendite 55

4.6 Analyse des Investments nach ethischen und nachhaltigen Gesichtspunkten 60

5. Fazit **65**

5.1. Zusammenfassung 65

5.2. Ausblick 66

6. Literaturverzeichnis **68**

Abbildungsverzeichnis

Abbildung 1. Definition Nachhaltigkeit

Abbildung 2. Magisches Viereck der Geldanlage

Abbildung 3. Armutsverteilung auf der Welt

Abbildung 4. Definition Armutsgrenze

Abbildung 5. Wachstum des Anlagevolumens in Mikrofinanz

Abbildung 6. Dienstleistungen der Mikrofinanzinstitutionen

Abbildung 7. Kategorisierung der Mikrofinanzinstitutionen

Abbildung 8.Durchschnittliche Mikrokreditsummen pro Region

Abbildung 9. Zahlungsströme im Mikrofinanzbereich

Abbildung 10. Anlagestrategien von Mikrofinanzinvestitionsvehikel

Abbildung 11. Regionale Diversifikation vom DRF - Vision Microfinance

Abbildung 12. Rendite des DRF

Abbildung 13. Regionale Diversifikation vom responsAbility Mikrofinanz Fund

Abbildung 14. Rendite vom responsAbility Mikrofinanz Fund

Abbildung 15. Regionale Diversifikation vom Invest in Vision

Abbildung 16. Rendite vom Invest in Vision

Abbildung 17. Regionale Diversifikation Triodos Fair Share Fun

Abbildung 18. Rendite Triodos Fair Share Fund

Abbildung 19. Regionale Diversifikation Oikocredit

Abbildung 20. Regionale Diversifikation Calvert Foundation

Abbildung 21. Rendite von der Bank Rakyat Indonesia

Abbildung 22. Länderrisiko in der Mikrofinanzbranche

Abbildung 23. Forderungsausfallrisiko bei DRF – Vision Microfinance

Abbildung 24. Performancevergleich von SMX Index mit traditionellen Anlageklassen

Tabellenverzeichnis

Tabelle 1. Kennzahlen responsAbility Global Microfinancefund

Tabelle 2. Kennzahlen Invest in Vision

Tabelle 3. Kennzahlen Triodos Fair Share Fund

Tabelle 4. Kennzahlen Oikocredit

Tabelle 5. Kennzahlen Calvert Foundation

Tabelle 6. Kennzahlen Bank Rakyat Indonesia

Tabelle 7. Währungsrisiken bei Mikrokrediten

Tabelle 8. Szenariomodell der Mikroinvestmentvehikel

Tabelle 9. Renditevergleich mit Berücksichtigung der Anschaffungskosten

Tabelle 10. Renditen von traditionellen Anlageklassen

Tabelle 11. Korrelationsfaktoren des SMX Index

Tabelle 12. Kennzahlen Tansania und der Elfenbeinküste

Tabelle 13. Kennzahlen Peru und Guatemala

Tabelle 14. Kennzahlen Philippinen und Kambodscha

Abkürzungsverzeichnis

AA Ausgabeaufschlag

AK Anschaffungskosten

BIP Bruttoinlandsprodukt

BRI Bank Rakyat Indonesia

CDO Collateralized Debt Obligation

CGAP Consultative Group to Assist the Poor

CHF Währung der Schweiz

DRF Dual Return Fund – Vision Microfinance

EU Europäische Union

EUR Währung in der Europäischen Union

FX Foreign Exchange

IDX Indonesia Stock Exchange

IIV Invest in Vision

ISIN International Securities Identification Number

KFW Kreditanstalt für Wiederaufbau

LBGT Lesbian, Gay, Bisexual and Transgender

MFI Mikrofinanzinstitutionen

MIV Microfinance Investment Vehicles

NGO Nichtregierungsorganisation

SMX Symbiotics Microfinance Index

US Vereinigte Staaten

USA Vereinigte Staaten von Amerika

USD Währung der USA

WAI Wesentliche Anlegerinformationen

WKN Wertpapierkennnummer

1. Einleitung

1.1. Problemstellung

Seit der Finanzkrise 2009 haben sich die Zinssätze in der ganzen Welt kontinuierlich nach unten bewegt[1]. Somit fällt es vielen Sparern schwer, zu entscheiden, welche Anlagen für sie geeignet sind, da klassische Anlagen wie das Sparbuch oder der Bundesschatzbrief dem Anleger keine oder nur eine vergleichsweise geringe Rendite versprechen. Durch diese Entwicklung sind Alternativanlagen nicht nur für Großinvestoren, sondern auch für private Investoren, sogenannte Retailkunden in den Fokus gerückt.[2] Aber nicht nur die Suche nach der großen Rendite ihrer Spareinlage treibt die Retailkunden an; in den letzten Jahren ist vermehrt zu beobachten, dass sich in der Gesellschaft immer mehr der Gedanke der sozialen Verantwortung für Umwelt und Mitmenschen verankert, was heutzutage auch unter dem Begriff „Social Responsibility" Ausdruck verliehen wird und dieser auch beim Thema Geldanlage Einfluss nimmt.[3]

Mikrofinanz bietet Kunden die Möglichkeit, diese zwei Punkte in einem Produkt zu vereinen. Dabei ist die Grundidee von Mohammed Yunus, dem Geschäftsführer der Garmee-Bank, welche sich auf die Vergabe von Mikrokrediten spezialisiert hat, recht simpel: durch Vergabe von Kleinstkrediten soll auch dem finanzierungsschwächsten Teil der Bevölkerung eine wirtschaftliche Zukunft ermöglicht werden. Durch die Rückzahlung der Kredite inklusive eingenommener Zinsen bekommt der Anleger neben seinem eingesetzten Kapital auch eine Verzinsung zurück und erhält dadurch eine höhere Rendite als auf dem gesetzlichen Sparbuch. Zum anderen verhilft er den Mittellosen der Welt zu einem Kredit für einen unternehmerischen oder konsumierenden Zweck, womit dieser sich eine bessere Zukunft und eine sichere Einnahmequelle aufbauen kann. Im Jahre 2006 fand das Nobelpreiskomitee die Idee so revolutionär, dass es Mohammed Yunus für seine Arbeit im Mikrofinanzsektor den Friedensnobelpreis überreichte.[4] Durch diese Auszeichnung geriet die Mikrofinanzanlage noch mehr in den Fokus der Öffentlichkeit, was dann auch dazu führte, dass gewisse Missstände offen gelegt wurden. Wucherzinsen, Überschuldung bis hin zum Selbstmord von

---

[1] Vgl. EZB Leitzins (2015)

[2] Vgl. Deutsche Bank Research (2008), S. 1

[3] Vgl. Horx, M. (2015) S.3

[4] Vgl. Nobelpreiskomitee (2006)

Kreditnehmern waren die Schlagzeilen in den Medien[5]. Deshalb stellt sich die Frage: ist die Anlage in einen Mikrofinanzfond wirklich eine ethische und nachhaltige Anlage oder nur Rendite auf Kosten der Mittellosen der Welt? Oder liegt die Wahrheit dazwischen und die Anleger müssen für sich nur die richtige Mikrofinanzanlage finden und sich nicht von Flyern mit glücklichen Menschen und zweistelligen Renditeversprechungen täuschen lassen.

1.2. Ziel und Aufbau der Arbeit

Ziel dieser Arbeit ist es, die Frage zu beantworten, ob und in wieweit Mikrofinanzanlagen ethische und nachhaltige Geldanlagen sind. Im ersten Teil wird dargelegt, wie die Fachwelt zurzeit die nachhaltige und ethische Anlage definiert und was durch diese Anlagen bezweckt werden soll. Im darauffolgenden Abschnitt werden die wichtigsten Begriffe, die Geschichte und die Funktionsweise von Mikrofinanzkrediten erläutert und dargestellt. Dabei wird auf die wesentlichen Akteure und unterschiedlichen Produkte näher eingegangen. Daraufhin werden die Vorzüge von Mikrokrediten aber auch die Problematiken, die dabei entstehen können, aufgezeigt, um eine abschließende Bewertung der Mikrokredite zu ermöglichen.

Im nächsten Kapitel werden verschiedene Anlagemöglichkeiten für Retailkunden aufgezeigt; kommerzielle und soziale Anlagemöglichkeiten werden dabei detailliert vorgestellt und ihre Funktionsweise aufgezeigt. Die Renditen der Investments werden untereinander und mit Alternativanlagen auf ihre Tauglichkeit und Effektivität als Geldanlageinstrument verglichen und bewertet. Da es sich um ethische und nachhaltige Investments handelt, werden sodann die Auswirkungen von Mikrofinanz auf die Wirtschaft der betroffenen Länder mit Referenzländern verglichen.

Abschließend wird ein Ausblick für die Mikrofinanzinvestments beschrieben und ein Resümee gezogen, ob eine Anlage im Mikrofinanzsektor eine positive Auswirkung auf das Anlageportfolio eines Retailkunden hat oder doch Rendite auf Kosten der Ärmsten ist.

---

[5] Vgl. Klas, G. (2014), S.17

2. Ethisches und nachhaltiges Investment

2.1. Einordung von ethischen und nachhaltigen Investments

Normalerweise werden traditionelle Anlageentscheidungen auf Basis von drei finanziellen Kernkriterien getroffen; der Liquidität, der Rendite und der Sicherheit der Geldanlage. Gemäß dem Bundesverband für Alternative Investment e.V. (BAI) sind traditionelle Anlageformen jene Investmentprodukte, welche bei normalen Vermögensanlage und- verwaltungen zur Auswahl stehen: Dazu zählen Anlagen am Geld- und Anleihenmarkt, in hoch liquide Aktien (sogenannte Blue Chips) und Investmentfonds. Somit sind ethische und nachhaltige Investments ein Sammelbecken von verschiedenen Anlageformen, welche durch Negativkriterien oder Zusatzkriterien sich von traditionellen Investmentprodukten abgrenzen.[6]

2.1.1. Definition des ethischen Investments

Der Begriff „ethisches Investment" ist in der Praxis durch zwei Teilfelder geprägt: die soziale Verantwortung und die nachhaltige Wirkung der Anlage.[7] Häufig werden auch im Kontext mit Ethik die Wörter „Gut und Böse" oder „Recht und Unrecht" verwendet. Daher ist bei Investoren, die bei ihrer Geldanlage auf die soziale Verantwortung Wert legen, besonders wichtig, dass das Augenmerk für die überlassenen Mittel auf kulturellen, sittlichen und religiösen Gesichtspunkten liegt. Fonds aus dem christlichen Raum vermeiden dabei das Investment in Firmen, die Pornografie, Waffen, Tabak oder Alkohol vertreiben, da sie diese als Lasterhaft ansehen.[8] Im muslimischen Finanzsektor liegt der Schwerpunkt hingegen auf dem Zinsverbot. Hierdurch zeigt sich, dass Ethik nicht durch einen festen Normenkatalog definiert ist, sondern sich ethische Grundsätze durch alle Akteure einer Gesellschaft entwickeln.[9] Wenn nun Investoren ihre Präferenzen auf die nachhaltige Ausrichtung legen, muss das Augenmerk auf dem Handeln des Unternehmens im Bezug auf die Arbeitsbedienungen, die Mitentscheidung der Arbeitnehmer und das Einhalten der Arbeitsnormen nach der internationalen Arbeitsorganisation liegen.[10] Diese Investitions-

---

[6] Vgl. BAI (2003), S. 15

[7] Vgl. Deutsche Bischofskonferenz (2010), S. 9

[8] Vgl. Foltin, O. (2014), S. 61

[9] Vgl. Kleinfeld, A. und Kettler, A. (2011) S. 460

[10] Vgl. Foltin, O. (2014), S. 61

präferenzen werden oft mit dem englischen Ausdruck „Socially Responsible Investment" zusammengefasst und sollen abgesehen von der Erzielung eines marktgerechten Kapitalertrages auch noch die angesprochene Nachhaltigkeit einschließen.[11]

Historisch betrachtet wurden ethische Geldanlagen als Nischenprodukte angesehen. Das Volumen, das im Jahr 2000 investiert war, lag bei 300 Millionen Euro und verteilte sich auf 12 Produkte. Durch die Finanzkrise 2009 wurden aber die Anleger sensibilisiert und hinterfragen nun, in welchen Branchen der Weltwirtschaft ihr Geld angelegt ist. Als Folge waren es Ende 2012 380 ethische Fonds, die in Deutschland zugelassen waren. Dies spiegelt den rasanten Anstieg des Stellenwertes von ethischen Geldanlagen wider.[12]

2.1.2. Definition eines nachhaltiges Investments

Kaum ein Begriff ist in den letzten Jahren in der Investmentbranche so in aller Munde gewesen, wie die Nachhaltigkeit. Dabei gibt es mehrere Definitionsvarianten: Der Ursprung der Nachhaltigkeit findet sich im 17. Jahrhundert in der Forstwirtschaft.[13] Um den Holzertrag der Wälder stetig gleich zu erhalten, durfte nur so viel Holz entnommen werden, wie tatsächlich nachwächst. Damit entstand die erste Definition für Nachhaltigkeit. Aber erst viel später - im Jahre 1997 - etablierte sich der Begriff der Nachhaltigkeit durch das Drei-Säulen-Modell[14], in dem die Nachhaltigkeitsarbeit in die Teilbereiche Wirtschaft, Natur und Gesellschaft aufgeteilt wird. Heutzutage zählt zur Nachhaltigkeit nicht nur das Thema Zukunftsfähigkeit bzw. die Nutzung von Ressourcen, sodass weitere Generationen auch noch davon profitieren; auch das Thema der gerechten Verteilung ist ein wichtiger Gesichtspunkt geworden.[15] Damit ist gemeint, dass die Teilfelder Gesellschaft, Umwelt und Wirtschaft miteinander korrelieren, auch wenn eine Erfüllung aller drei Teilbereiche zugleich nur schwer realisierbar ist. Ein Beispiel hierfür wäre die Gesamtentlastung der Umwelt, angenommen dass Fossile Brennstoffe nicht mehr zum Betrieb von Fahrzeugen genutzt werden dürfen. Eine Folge für die Wirtschaft wäre eine höhere Kostenstruktur bei der PKW-Produktion durch Nutzung von erneuerbaren Antrieben. Dies hätte wiede-

---

[11] Vgl. Foltin, O. (2014), S. 77

[12] Vgl. Teufl, A. (2015)

[13] Vgl. Grober, U. (2013), S.1 f.

[14] Vgl. Diefenbacher et al. (1997), S. 44

[15] Vgl. Pinner, W. (2003); S. 21, 22

rum die Auswirkungen auf die Gesellschaft, dass die Autos teurer würden und somit weniger Kapital der Gesellschaft zur Verfügung stehen würde. Die nachfolgende Abbildung soll schematisch aufzeigen das die Perfekte Nachhaltigkeit nur durch große Kompromisse in allen Teilbereichen zu erreichen ist.

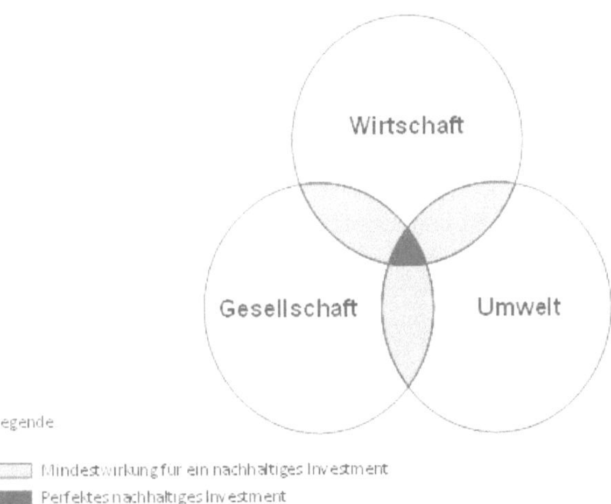

Abbildung 1. Quelle: Eigene Darstellung nach Armbruster, C.(2000), S. 148

Wie in Abbildung 1 zu sehen ist, sollte daher ein nachhaltiges Investment mindestens zwei Teilbereiche stärken, um von den Investoren gegenüber klassischen Anlageprodukten favorisiert zu werden.[16]

2.2. Ziele und Aufgaben des ethischen und nachhaltigen Investments

Für Anlagemöglichkeiten, die die ethischen und nachhaltigen Anforderungen erfüllen, gibt es stets einen Zielkonflikt zwischen der maximalen Renditeerwartung und der Einhaltung der nachhaltigen und ethischen Ziele. Daher gibt es verschiedene Ansätze der Auswahlprozesse. Ein Ansatz ist die Förderung oder Ausgrenzung von einem speziellen Gesichtspunkt des Investments. Dabei werden Kriterienkataloge aufgestellt, welche das Investment haben muss. Für diese Investoren ist die Rendite zweitrangig, da ihr Geld helfen soll, umweltfreundliche Technologien zu fördern oder soziale Projekte zu unterstützen und dadurch die ökonomische Wohlfahrt der Gesellschaft zu verbessern, beispielsweise die Ausgrenzung vom Unternehmen, welche Fossile Brennstoffe abbauen. Dagegen

---

[16] Vgl. Henning-Thurau, T. Hansen, U. und Bornemann, D. (2001), S. 198

liegt bei Investoren, die das Vermeiden von bestimmten Kriterien ihrer Anlagen bevorzugen, das Augenmerk in erster Linie auf der Rendite.[17] Das eingegangene Investment sollte eine ähnliche Rendite erwirtschaften, wie traditionelle Anlageprodukte und die festgelegten Negativaspekte vermeiden.[18] Wie in den Definitionen auch schon hervorgeht, ist es nicht einfach, alle Aspekte und Ziele für ein ethisches und nachhaltiges Investment in einer Anlage zu vereinen. Daher sollten Anleger einen genauen Kriterienkatalog ausarbeiten, aus dem die individuellen Prioritäten ihrer Geldanlage hervorgehen. Da es bei Anlageentscheidungen immer um die persönlichen Präferenzen geht und der Anlagezweck im Mittelpunkt steht, lässt sich das magische Dreieck der Geldanlage, welches den Zielkonflikt zwischen Rendite, Sicherheit und Liquidität von traditionellen Anlagen beschreibt, um die Punkte Ethik und Nachhaltigkeit erweitern.

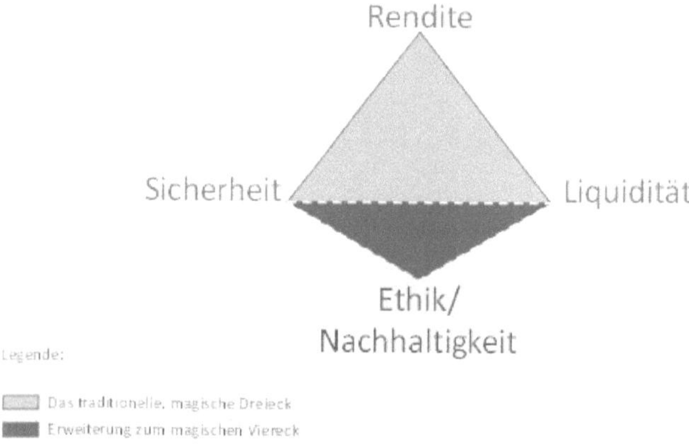

Abbildung 2. Eigene Darstellung nach Kundenbegleitblatt der KSK BB (2015)

Somit entsteht durch die Hinzunahme des Gesichtspunkt Ethik und Nachhaltigkeit, weiterer Zielkonflikte zu den bisher bestehenden Anlageinteressen, welches das oben skizzierte magische Viereck beschreibt.

---

[17] Vgl. Foltin, O. (2014), S. 88

[18] Vgl. Schneeweiß, A. (1998), S. 91 f.

3. Grundlagen Mikrofinanz

Der Begriff Mikrofinanz soll im Folgenden zunächst erläutert und anschließend im Kontext seiner Historie durchleuchtet werden. Daraufhin erfolgt die Einordnung jener Akteure, die am Mikrofinanzsystem teilnehmen sowie die Betrachtung ihrer Chancen und Risiken durch Verwendung der Anlageform.

3.1. Geschichte und Definition von Mikrofinanz

3.1.1 Definition von Mikrofinanz

Mikrofinanz setzt sich aus den Wörtern Mikro, welches vom griechischen Wort mikrós abstammt und für klein steht und dem Wort Finanz, welches fürs Geldwesen steht. Zusammen ist Mikrofinanz ein Sammelbegriff für Finanzdienstleistungen und Finanz-produkte, die für mittellose Bevölkerungsgruppen in Entwicklungsländern nutzbar sind, da diese Bevölkerungsgruppen meist keinen Zugang zu den traditionellen Finanzdienstleitungen haben.[19] Gründe hierfür sind, dass diese Bevölkerungsgruppen sich meist nicht ausweisen können oder keinen festen Wohnsitz besitzen. Zudem besteht oft eine räumliche Distanz zu den inländischen Finanzinstitutionen.[20] Somit bleibt dieser Bevölkerungsgruppe oft nur der Ausweg über nicht überwachte und kontrollierte Quellen an Finanzdienstleistungen zu kommen, was als informeller Sektor bezeichnet wird. Laut Definition der Weltbank gehören alle Personen zu der extrem armen Bevölkerungsgruppe, die weniger als 1,25 US Dollar pro Tag zum Leben haben. Dies sind im Jahre 2015 1,2 Milliarden Menschen weltweit.[21] Extreme Armut findet sich in nahezu allen Entwicklungsländern der Welt. Dabei variiert die Verteilung der Armut je nach geographischer Lage des Landes. In den afrikanischen Ländern kann die Bevölkerungsgruppe, die davon betroffen ist, die 40%-Marke übertreffen[22]. Daher besteht die Aufgabe von Mikrofinanz darin, diese Menschen mit Finanzdienstleistungen zu versorgen und ihnen die Chance zu geben, auf verschiedene Wege der Armut zu entkommen[23]. Dazu vergeben so genannte Mikrofinanzinstitutionen Kleinstkredite, in der Regel in Höhe von 100 bis 2000

---

[19] Vgl. Deutsche Bank Research (2008), S. 4

[20] Vgl. Lohmann, N. (2009), S.87

[21] Vgl. Bundesministerium für Wirtschaftliche Zusammenarbeit (2015)

[22] Vgl. Deutsche Bank Research (2008), S.5

[23] Vgl. Grill, W. und Perczynski, H. (2005), S. 343

US Dollar[24] an die betroffene Einzelpersonen oder Bevölkerungsschichten. Damit können sie sich Produktionsgüter erwerben und einen Mehrertrag aus ihrer Arbeit erhalten, um somit diesen Kredit plus Zinsen zurückzuführen. Zusätzlich zu Mikrokrediten umfasst der Begriff Mikrofinanz auch die Möglichkeit Mikrokredite mit Spareinlagen und Versicherungen zu kombinieren, welche den betroffenen Menschen zusätzliche Sicherheit durch angesparte Liquidität und Versicherungsschutz gegen Ansprüche von anderen verhilft.[25]

3.1.2. Die Historie von Mikrofinanz

Die Geschichte, dass man Geld gegen Zinsen vergibt, lässt sich bis ins antike Griechenland zurückverfolgen. Ursprünglich war es so, dass es verachtet wurde, für reine Geldleihe Zinsen zu verlangen, da es die Notlage des Schuldners ausnutzte. Trotz der langen Historie von Kreditgeschäften kam dieser Sektor erst in der Mitte des 18. Jahrhunderts zu voller Blüte. In dieser Zeit vergaben große Handelsgesellschaften und kapitalistische Manufakturen Kredite an ihre Arbeiter.[26] Die Anfänge von Mikrofinanz dagegen gehen auf das 15. Jahrhundert zurück, wobei die Idee, sich Geld zu leihen, von den Armen selbst entstand. Diese schlossen sich in Vereinigungen zusammen, um Finanzierungsgeschäfte abzuschließen.[27] Dieses Prinzip des Zusammenschlusses wurde auch in Deutschland Mitte des 19. Jahrhunderts durch Friedrich Raiffeisen übernommen. Er gründete die erste Genossenschaftsbank und gilt auch als einer der Vorreiter für Mikrofinanz, da er uneigennützige Kredite an Landwirte vergab.[28]

Nach der Industrialisierung in den europäischen Ländern um 1950 begann die Entwicklungspolitik für benachteiligte Menschen durch einzelne staatliche und internationale Entwicklungszusammenarbeit. Industriestaaten gaben subventionierte Kredite an die jeweiligen Nationalbanken, um Kredite an Kleinbauern zu vergeben, um dadurch die Infrastruktur zu verbessern und das Wirtschaftswachstum anzukurbeln. Durch diese Maßnahmen sollte die Armut bekämpft werden, was in der Theorie auch funktionieren würde; doch viele Projekte brachten nicht den gewünschten Erfolg,[29] da das Geld unter anderem auf Grund

---

[24] Vgl. Yunus, M. (2008) S. 76 ff.

[25] Vgl. Lohmann, N. (2009), S. 89

[26] Vgl. Klas, G. (2011), S. 17

[27] Vgl. Lohmann, N. (2009), S. 88

[28] Vgl. Klas, G. (2011), S. 19

[29] Vgl. Felder – Kuzu, N. (2005), S. 28

von Korruption, Fehlplanung und Misswirtschaft nicht bei seinem vorgesehenen Personenkreis ankam. Diese Fehler sorgten sogar dafür, dass die großen Landbesitzer ihr Vermögen vermehrten und somit die Schere zwischen der armen und reichen Bevölkerung noch weiter aufging.[30]

Muhammed Yunus erkannte im Jahre 1974 als einer der Ersten, dass die Gelder nicht bei den Bevölkerungsgruppen ankamen und fand heraus, dass diese sich meist Kredite bei Kreditgebern im informellen Sektor leihen mussten. Diese verlangten nicht nur Wucherzinsen, sondern auch oft die Erträge aus der Arbeit ihrer Schuldner. Somit entstand eine Abhängigkeit für diese Menschen. Um diese Abhängigkeit zu durchbrechen, forschte Yunus nach, wie hoch die Schulden der Kleinbauern waren. Er kam zu dem Ergebnis, dass es im Durchschnitt umgerechnet 27 US Dollar waren, was einem halben durchschnittlichen Monatsgehalt in Bangladesch entspricht.[31] Diesen Betrag lieh Yunus den verschuldeten Personen aus seinem Privatvermögen und befreite die armen Menschen aus der Abhängigkeit von den Geldgebern.[32] 1983 wurde die „Grameen–Bank" unter dem Vorsitz von Yunus gegründet. Diese spezialisierte sich darauf, Mikrokredite an die armen Bevölkerungsgruppen zu vergeben. Die Rückzahlungsquoten von 97% lagen deutlich über den üblichen Rückzahlungsquoten des damaligen Kreditgeschäfts, weshalb viele Investoren für diese Geschäftsidee gefunden werden konnten. Die deutsche Regierung förderte die Grameen-Bank von 1987 bis 1997 mit insgesamt 37,2 Millionen Euro, damit sich die Grameen-Bank für die Mikrokredite refinanzieren konnte.[33] Dabei ist die Grameen–Bank in Bangladesch nur ein Beispiel. In Indonesien entstand nach diesem Beispiel die Bank Rakyat Indonesien (BRI), welche auch von der KFW-Bankengruppe im Auftrag des Bundesministeriums für wirtschaftliche Zusammenarbeit unterstützt wird.

Durch die Deregulierung der Zinsfestlegung Ende der neunziger Jahre, wurden Subventionen der Mikrofinanzinstitute immer unnötiger, da diese nun kostendeckend arbeiten konnten und dabei ihren nachhaltigen Auftrag nicht aus den Augen verloren.[34] Die Vereinten Nationen riefen im Jahr 2005 das Jahr der Kleinstkredite aus.[35] Ein Jahr später erhielt Muhammed Yunus und seine

---

[30] Vgl. Felder – Kuzu, N. (2005), S. 28

[31] Vgl. Länderdaten (2014)

[32] Vgl. Yunus, M. (2008), S.53 ff

[33] Vgl. Klas, G. (2011), S. 40

[34] Vgl. Lohmann, N. (2009), S. 93

[35] Vgl. Annan, K. (2004), Pressmitteilung UN RUNIC/33

Grameen–Bank den Friedensnobelpreis für den Kampf gegen die Armut.[36] Das Anlagevolumen in Mikrofinanzinvestments stieg ab diesem Zeitpunkt um das Zehnfache auf ganze 25 Milliarden US Dollar; nicht zuletzt, da diese Investments weiter in den Fokus der Öffentlichkeit traten.[37]

3.2. Akteure auf dem Mikrofinanzsektor

Im folgenden Abschnitt wird auf die Akteure im Mikrofinanzsektor eingegangen und dargestellt, zu welcher Bevölkerungsgruppe die einzelnen Akteure gehören.

Im bisherigen Verlauf der Arbeit wurde von den ärmsten und armen Bevölke-rungs-gruppen gesprochen. Nun soll definiert werden, welche Personen dazu gezählt werden, in welcher Situation diese sich befinden und was sie sich von Mikrokrediten versprechen bzw. welche Wirkung diese auf sie haben. In dem darauffolgenden Kapitel wird auf die andere Seite des Mikrofinanzsektors eingegangen und die Investorenseite beleuchtet, Welche Versprechungen diese sich von der Kapitalüberlassung machen und wie sich diese im Laufe der Jahre entwickelt hat. Als letztes werden die Mikrofinanzinstitutionen (MFI) als Akteure im Mikrofinanzbereich beschrieben und deren Geschäftspraktiken dargestellt.

3.2.1. Abnehmer der Mikrokredite

Etwa 5,4 Milliarden Menschen leben in Ländern, deren Einkommensverhältnisse niedrig oder mittelstark sind. Von extrem niedrigen Einkommensverhältnissen spricht man, wenn eine Person weniger als 1,25 US Dollar pro Tag zum Leben zur Verfügung hat. Ab 2 US Dollar pro Tag spricht die Weltbank von niedrigen Einkommensverhältnissen. Von diesen 5,4 Milliarden Menschen, die in Armut leben, haben 65% keinen Zugang zu Finanzdienstleitungen, wie zum Beispiel kommerzielle Kredite oder Sparformen.[38]

---

[36] Vgl. Nobelpreiskomitee (2006)

[37] Vgl. Deutsche Bank Research (2008), S. 1

[38] Vgl. Lohmann, N. (2009), S. 275

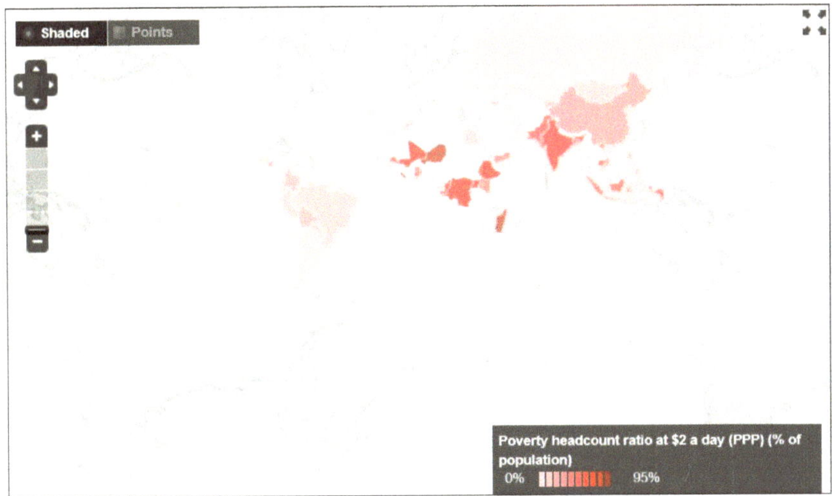

Abbildung 3. Quelle: www.Worldbank.org (2015)

„Es sind meist Kleinbauern, Fischer, weibliche Haushaltsvorstände und Kleinunternehmer, denen genau diese Dienstleistungen fehlen" postuliert Naoko Felder-Kuzu.[39] Diese Leute sind darauf angewiesen, sich selbst Arbeit zu beschaffen, da sie keine geregelten Arbeitsplätze finden und somit oft eigenständig in der Landwirtschaft oder im Handel tätig sind. Durch diese Tätigkeiten schaffen sie es jeden Tag zu überleben, haben aber nicht die Möglichkeit, diesem Kreislauf der Armut zu entkommen. Meist fehlt nur das Startkapital (ca. 50 bis 200 US Dollar) um Werkzeuge oder Materialen für den Handel zu erwerben.[40] Nachfolgendes Schaubild zeigt die Zielgruppe der MFI. Die durch den roten Kasten gekennzeichneten Schichten, welche sowohl über und unter der Armutsgrenze liegen sind das primäre Ziel der MFI.

---

[39] Felder – Kuzu, N. (2005), S. 21

[40] Vgl. Felder – Kuzu, N. (2005), S. 23

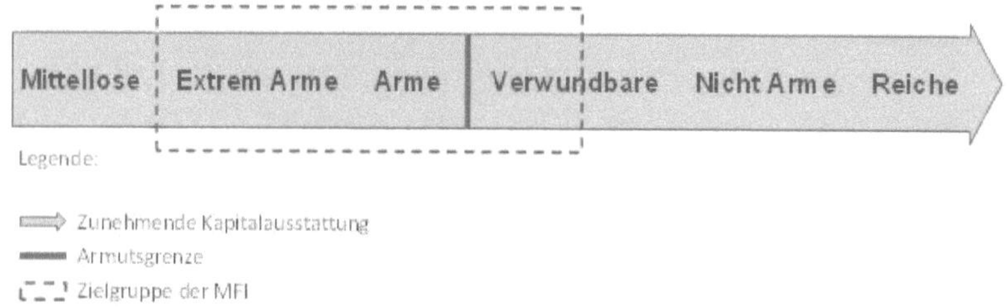

Abbildung 4. Quelle Lohmann, N. (2009) S. 272, Zielgruppe von Mikrofinanz

Die Zielgruppe, die Mikrokredite in Anspruch nimmt, sind wie dargestellt nicht nur die Extrem der Armen, auch Personen, die über der Armutsgrenze leben, aber so verletzlich sind, dass sie leicht wieder darunter fallen könnten, gehören der Zielgruppe an. Diese Bevölkerungsgruppe hat laut Definition weniger als 50% des Durchschnittseinkommens des Landes.[41] „Verwundbare nicht Arme", wie diese Gruppe auch genannt wird, arbeiten fast ausschließlich im informellen Sektor, da das Anmelden von einem Gewerbe erstens Geld kosten würde, was diese Personen nicht haben, und zweitens oft die formellen Unterlagen fehlen (Geburtsurkunde, Ausweise oder ähnliche Dokumente).[42] Es ist auch zu beobachten, dass die Ärmsten der Bevölkerung Defizite bei der schulischen Bildung haben und die medizinische Versorgung mangelhaft ist, was eine intensivere Betreuung dieser Gruppe unabdingbar macht. Durch die Vergabe von Mikrokrediten im informellen Sektor an die Armen, verbessert sich deren Geschäftsgrundlage und dadurch deren Einkommen, was zur Folge hat, dass es zu einer Reduzierung der Verletzbarkeit der Personen kommt. Oft ist das ein zusätzlicher Treiber, noch geschäftstüchtiger zu werden, um das entgegen gebrachte Vertrauen der Mikrofinanzinstitutionen zu bestätigen. Dadurch erhalten die Kreditnehmer mehr Selbstvertrauen und Selbstachtung. Dies wirkt sich natürlich auch positiv auf die Lebensqualität der Betroffenen aus.[43]

3.2.2. Investoren

In Mikrofinanz investieren drei Gruppen von Investoren: Staatliche Institutionen, institutionelle und private Anleger. Dabei lesen sich die Geschichten, die

---

[41] Vgl. Lohmann, N. (2009), S.272

[42] ebenda S. 275

[43] Vgl. Felder – Kuzu, N. (2005), S. 27

hinter den Anlagen stehen unterschiedlich. Gleichzeitig unterscheiden sich die Motivationen, die hinter den Anlegern stehen, massiv.

Entwicklungshilfe ist seit den fünfziger Jahren des 20. Jahrhunderts ein fester Bestandteil des deutschen Staates. Dafür wurde die KFW–Bank gegründet, welche heute die Gelder für die Entwicklungshilfe des deutschen Staates investiert.[44] Die Investition in Mikrokredite startete die KFW–Bank in den achtziger Jahren. Das erste unterstützte Projekt war die Grameen-Bank von Muhammed Yunus, welche die Bundesregierung in zehn Jahren mit annähernd 40 Millionen Euro unterstützte. Im Laufe der Jahre ist nun der deutsche Staat der weltweit größte öffentliche Investor im Bereich von Mikrofinanz.[45] Der Vorteil für die Geldgeber ist simpel und effektiv: Die ausgezahlten Kredite werden in bestimmten Zeitabständen zurückgezahlt, was dem Geldgeber einen Rückfluss verspricht und das Risiko sowie die Belastung durch die Zinszahlung reduziert.[46] Im Gegenzug ist die Mikrofinanzindustrie von den Entwicklungshilfen der Regierungen abhängig, da diese sich dadurch refinanzieren. Die Entwicklungshilfen aller internationalen Finanzinstitutionen werden von der Deutschen Bank im Jahr 2006 auf ein Gesamtvolumen von 2,4 Milliarden US Dollar pro Jahr taxiert.[47] Durch den positiven Effekt, welcher sich durch die regelmäßigen Rückflüsse der Kredite ergibt, stiegen die staatlichen Investitionen in den Mikrofinanzsektor im Jahr 2015 auf 5 Milliarden US Dollar pro Jahr.[48]

Institutionelle Investoren sind die zweite Anlegergruppe. Zu dieser gehören Stiftungen, Pensionskassen und Nichtregierungsorganisationen (NGO). Deren Ziele, eine marktübliche Rendite mit sozialem Mehrwert zu erreichen, sind im Großen und Ganzen deckungsgleich mit den privaten Investoren, der dritten Investorengruppe. Wobei der Unterschied zwischen diesen Anlegergruppen das investierte Volumen sowie die Anlagedauer ist. Mikrofinanz hat sich auf Grund des immensen Bedeutungswachstumes von Anlagen im Kontext sozialer Verantwortung zu einem Nischen-Anlageprodukt entwickelt. Ein weiterer Grund für institutionelle Investoren und auch für private Anleger ist die Portfoliodiversifikation. Dieses duale Renditeprofil ermöglicht den Investoren ein attraktives Rendi-

---

[44] Vgl. von Schwanenflügel, M. (1993), S. 43 ff.

[45] Vgl. Klas, G. (2011), S. 40

[46] Vgl. Klas, G. (2011), S. 41

[47] Vgl. Deutsche Bank Research (2008), S. 10

[48] ebenda, S. 10

te-Risiko-Profil mit konstanten Erträgen und geringeren Korrelationen zu anderen gängigen Anlageklassen am Kapitalmarkt.[49] Seit dem Jahr 2006 hat sich durch die oben genannten Gründe das Anlagevolumen in wenigen Jahren vervielfacht.[50] Allein zwischen den Jahren 2011 bis 2013 haben wir bei Mikrofinanz-Investitionen einen durchschnittlichen Kapitalzufluss von 7 % per anno.[51]

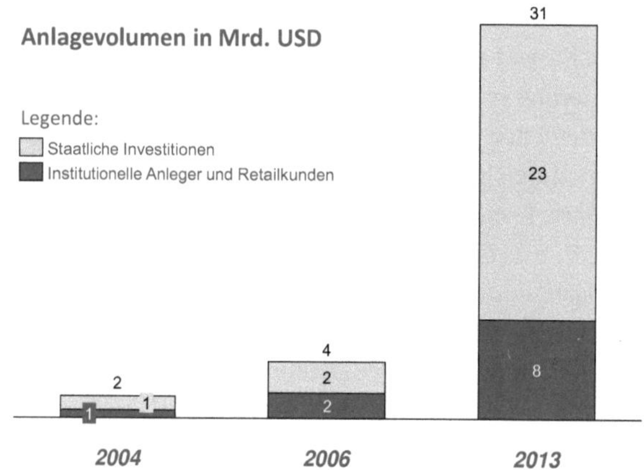

Abbildung 5. Eigene Darstellung Anlagevolumen Mikrofinanzinvestment[52]

Abbildung 5 zeigt deutlich, dass Mikrofinanz Anlagen eindeutig mehr von staatlichen Investitionen genutzt wird, aber auch die Nachfrage von Retailkunden und institutionellen Anlegern stetig wächst.

3.2.3. Mikrofinanzinstitutionen

Mikrokredite werden normalerweise nicht von den normalen Geschäftsbanken in den Entwicklungsländern vergeben, da diese Produkte für sie nicht rentabel genug sind. Daher haben sich spezialisierte Finanzdienstleister gebildet, sogenannte Mikrofinanz-institutionen (MFI).[53] MFI gibt es schätzungsweise über 10.000 Stück, die in einer Vielzahl von verschiedenen Rechts- und Organisationsformen, Dienstleistungen für arme Personengruppen oder Einzelpersonen

---

[49] ebenda, S. 3

[50] Vgl. Abbildung 3

[51] Vgl. CGAP Funding Surveys Jahr 2013 (2014)

[52] Vgl. Daten von DB Research (2008) Jahr 2004 und 2006, S. 12 & CGAP Funding Surveys Jahr 2013 (2014)

[53] Vgl. Felder – Kuzu, N. (2005), S. 25

auftreten.[54] Viele MFI haben ihr Wurzeln als NGO; die Vergabe der Mikrokredite wurde anfangs durch private Spenden oder durch Fördermittel refinanziert. Im Laufe der Zeit entwickelte sich auch die Produktpalette der MFI weiter und es wurden immer weitere Zielgruppen erschlossen. Abbildung 6 skizziert die Dienstleistungspalette der MFI.

Neben finanziellen Dienstleistungen wie Mikro-krediten, Versicherungen und Sparverträgen ist es MFI auch wichtig, Beratungen zum Thema Geld anzubieten. Durch Informationsabende und angebotene Weiterbildungen wollen sie eine stärkere Kundenbindung aufbauen.

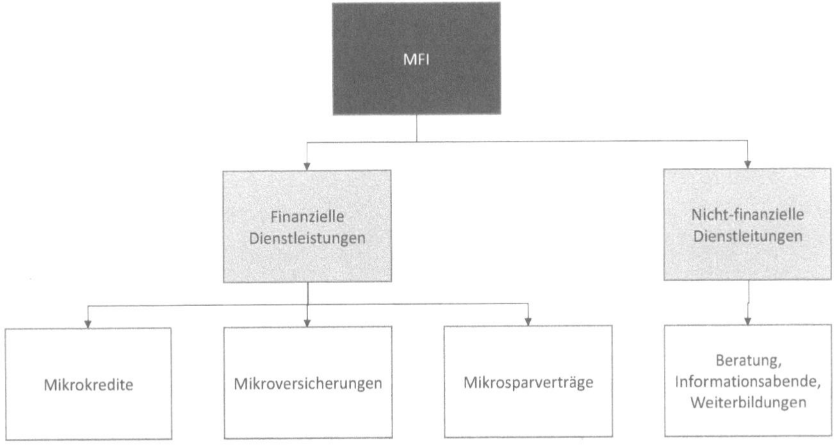

Abbildung 6. Quelle: Lohmann, N. (2006), S. 170

Durch den extrem stark wachsenden Markt und den dadurch resultierenden Anstieg von MFI und Kunden ist eine Regulation der MFI unabdingbar, da sonst das Risiko eines Zusammenbrechens des Marktes zunehmend wächst und die Kunden nicht die fachlige Beratung erhalten, die notwendig wäre.[55] Deshalb müssen Normen und Regeln von staatlicher Seite auferlegt werden, um die Ärmsten, trotz der Gewinnerzielungsabsicht der MFI, nicht noch stärker zu belasten.[56] Da der große Teil der Mikrokredite im informellen Sektor abläuft, fällt es den jeweiligen Ländern sichtlich schwer, solche Normen und Regularien durchzusetzen. Somit passiert es immer wieder, dass in der Presse der Eindruck

---

[54] Vgl. Deutsche Bank Research (2008), S. 7

[55] Vgl. Lohmann, N. (2009), S.210

[56] ebenda, S. 211

vermittelt wird, MFI seien meist korrupt und inkompetent.[57] Gegen diese Argumente spricht, dass sich viele MFI schon zu formalisierten oder beaufsichtigten Finanzinstitutionen weiterentwickelt haben. Diese Entwicklung hat nicht nur für die MFI Vorteile, sondern auch für deren Mikrokreditkundschaft, da das Finanzierungsvolumen der Mikrokredite die Mittel aus subventionierten Refinanzierungsquellen und Spenden in den nächsten Jahren übersteigen wird. Erschließung neuer Refinanzierungsquellen ist daher für MFI unabdingbar. Somit müssen beispielsweise Bankdarlehen oder Kapital aus dem Ausland erschlossen werden. Dies ist aber nur möglich, wenn die MFI stärker formalisiert werden.[58] Daher werden die MFI auch nach ihrem Entwicklungsstand kategorisiert. Die am weitesten formalisierten MFI, ca. 10% aller MFI, vereinen den Großteil des Kundenstamms und dadurch auch das größte Kreditvolumen auf sich. Diese MFI werden in die Kategorie Tier 1 und Tier 2 eingeordnet. Die große Mehrheit dagegen, ca. 90%, sind daher nicht weit genug reguliert und fallen daher in die Tier 3 und Tier 4 Kategorien.[59]

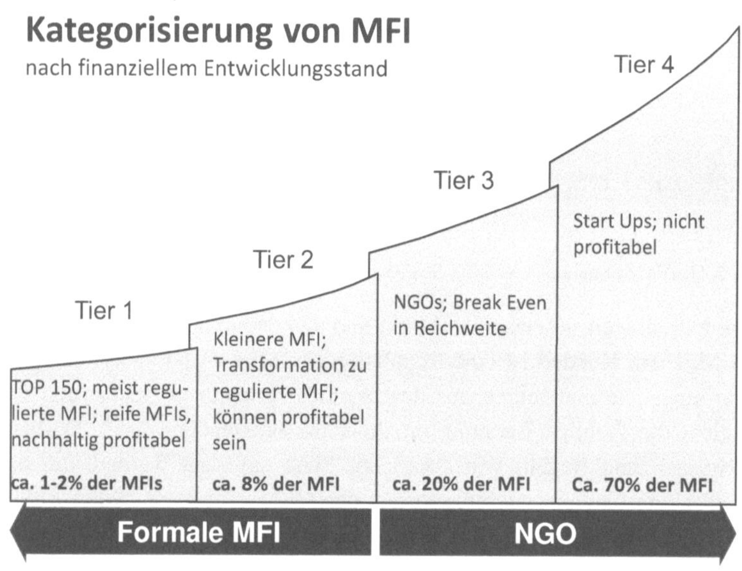

Abbildung 7. Quelle : Lohmann, N. (2009), S. 224

---

[57] Vgl. Klas, G. (2014), S. 6

[58] Vgl. Deutsche Bank Research (2008), S. 7

[59] Vgl. Lohmann, N. (2009), S. 224

Abbildung 7 skizziert, wie viele MFI immer noch im unkontrollierten und unregulierten Finanzbereich arbeiten. Somit fällt es der mittellosen Bevölkerung auch schwer zwischen seriösen und undurchsichtigen Angeboten der MFI zu unterscheiden.

3.3. Aufbau und Funktionsweise von Mikrokrediten

Mikrokredite sollen den Ärmsten in der Bevölkerung unabhängig ihrer geographischen Lage Zugang zu Kapital verschaffen. Daher ist der Aufbau und die Funktionsweise in den verschiedenen Ländern identisch. Mikrokredite werden, wie in der Bankenlandschaft von Industrienationen, in Verbraucherkredite und Geschäftskredite unterteilt. Verbraucher-kredite sind Darlehen für den privaten Konsum, z.B. für Medizin oder Schulmaterial. Die Geschäftskredite dienen der Investition in ein Mikrounternehmen und der Darlehens-betrag ist ausschließlich hierfür bestimmt.[60] Im Laufe der Jahre hat sich eine Vielzahl von verschiedenen Optionen der Ausgestaltung der Mikrokredite gebildet, die sich in drei Hauptkategorien zusammenfassen lassen: individuelle, gruppenbasierte- und gemeinschaftsbasierende Kredite.[61]

Beim individuellen Kreditmodell geht eine einzelne Person, überwiegend sind es Frauen, da diese als sicherer Kreditnehmer gelten, eine Kreditverpflichtung ein und kann mit dem zur Verfügung gestellten Geld selbstständig wirtschaften. Die Haftung beschränkt sich nur auf den Kreditnehmer. Bei den gruppenbasierenden- und gemeinschaftsbasierenden Kreditmodellen hingegen haftet immer das Kollektiv als Ganzes, wobei es in der Gruppe keine Verwandtschaftsverhältnisse geben darf. Der Unterschied besteht darin, dass beim gemeinschaftsbasierenden Kreditmodell kollektive Aktivitäten finanziert werden, dagegen beim gruppenbasierenden auch individuelle Projekte finanziert werden können und die Rückzahlungsverpflichtung jedoch bei der Gruppe liegt.[62] Bei den beiden anderen Kreditmodellen gilt als Sicherheit, dass die Menschen eine sehr große Solidarität untereinander haben und der Gemeinschaftssinn sehr ausgeprägt ist. Kein Mitglied der Gruppe will verantwortlich sein, dass die Gruppe keinen weiteren Kredit mehr bekommt. Somit werden das Vertrauen und die Verantwortung für die Gruppe einer dinglichen Einlage gleichgestellt. Ein anderer großer Vorteil für den Kreditgeber ist, dass die Informationsasymmetrie geringer wird, da die

---

[60] Vgl. Lohmann, N. (2009), S.111 f.

[61] Vgl. Felder – Kuzu, N. (2005), S. 31

[62] Vgl. Lohmann, N. (2009), S.131

Gruppenmitglieder sich besser kennen und sich somit nur mit den bestmöglichen und zuverlässigsten Bekannten und Freunden zusammenschließen. Unzuverlässige Bekannte werden dadurch bei gruppenbasierenden Kreditmodellen gemieden.[63]

Die durchschnittliche Mikrokreditsumme lag im Jahr 2013 bei 1.578 US Dollar. Die Problematik der Aussagekraft einer Durchschnittzahl ist, dass sie nicht die Unterschiede zwischen den einzelnen Regionen herausstellt, welche in der nachfolgenden Tabelle aufgezeigt werden soll. Auf den Marktbereich Ost-Europa wurde in diesem Diagramm verzichtet, da dort die durchschnittliche Kreditsumme seit dem Jahr 2013 deutlich über dem definierten Maximalvolumen von Mikrokrediten (2.500 US Dollar/pro Kredit nach Mohammed Yunus) liegt. Im Jahr 2013 lag der durchschnittliche Mikrokredit in Ost-Europa bei 4.593 US Dollar. Durch die Verteilung der Kredithöhe lassen sich im ersten Moment keine Rückschlüsse auf die Armutsverteilung der einzelnen Regionen ziehen, sondern eher auf die Arbeitsweise der MFI.

Durchschnittliche Kreditsumme [Werte in USD]

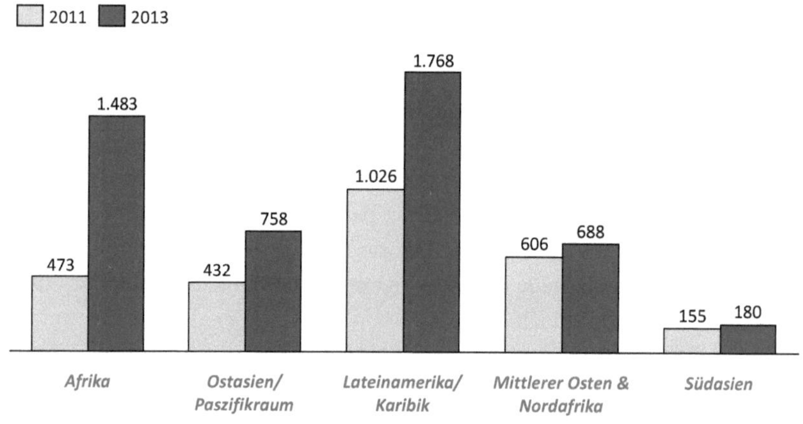

Abbildung 8. Durchschnittliche Kreditsumme im Jahr 2013 [64]

Die Philosophie der MFI spielt bei der Vergabe der Kreditsummen eine große Rolle. Für die MFI sind die Gesamtkosten für Mikrokredite mit größeren Volu-

---

[63] ebenda, S. 131 f.

[64] Eigene Berechnung mit Daten von www.mixmarket.org

mina deutlich geringer, da sich die Fixkosten, die bei Kreditvergabe entstehen auf einen größeren Betrag verteilen und die Betreuung vom Aufwand her identisch ist.[65]

Der Aufbau von Mikrokrediten lässt sich am besten durch eine Kette des Geldstromes darstellen.[66] Am Anfang stehen die Investoren, welche ihr Geldvermögen vermehren wollen. Dafür geben sie ihr Kapital an kommerzielle- oder soziale Mikrofinanzfonds, in der Fachliteratur auch oft Mikrofinanz Investmentvehikel (MIV) genannt[67]. Diese wiederum fungieren als Sammelstelle für das Kapital der Investoren. Außerdem kommt ihnen die Aufgabe zu, das anvertraute Kapital an die MFI weiterzugeben. Dies geschieht auf unterschiedlichen Wegen, welche je nach Rechtsrahmen des Landes, dem Rating der MFI und der Struktur verschieden ausgeprägt sein können. Möglichkeiten zur Weitergabe des Kapitals durch die MIV an die MFI sind subventionierte Einlagen, besicherte- und unbesicherte Darlehen oder nachrangige Darlehen.[68]

Die MFI sind nun in der Verpflichtung, die erhaltenen Mittel an die Bevölkerung weiterzugeben die normalerweise keinen Zugang zu Bankdienstleitungen haben.

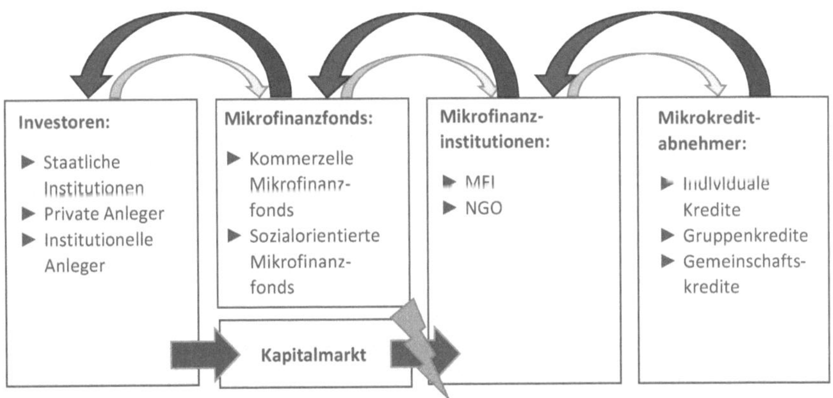

Abbildung 9. Eigene Darstellung nach Blue Orchard (2014), S. 20

---

[65] Vgl. Felder – Kuzu, N. (2005), S. 39

[66] Vgl. Blue Orchard (2014), S. 20

[67] Vgl. Deutsche Bank Research (2008), S. 13

[68] Vgl. Deutsche Bank Research (2008), S. 9

Der direkte Zugang zum Kapitalmarkt kann für eine MFI eine zweite Art der Refinanzierung sein. Dadurch würde die Stufe der Mikrofinanzfonds umgangen. Da dies aber nur für die MFI, die im fortgeschrittenen Stadium der Entwicklung sind, überhaupt realisierbar ist, spielt dies in der Praxis eine sehr untergeordnete Rolle.[69]

3.4. Problematik der Mikrokredite

Durch das schnell wachsende Volumen der vergebenen Mikrokredite entstehen auch Probleme, welche sich nicht von der Hand weisen lassen. Der durchschnittliche Zinssatz für Mikrokredite, die das CGAP im Jahre 2011 herausgab, beläuft sich auf 27% per anno. Da bei einigen MFI bei Abschluss eines Mikrokredites noch anderweitige Pflichten hinzukommen (unter anderem Zwangssparraten oder Pflichtversicherungen), wird der effektive Zins deutlich über dem genannten Zins liegen. Ein Beispiel hierfür ist die Compartamos Bank, ein MFI aus Mexiko, das im Jahr 2010 Zinsen in Höhe von 195% per anno verlangte.[70] Befürworter der Mikrokredite rechtfertigen die Zinssätze mit den hohen Fixkosten, die bei solchen Kreditvereinbarungen entstehen. Kundenberater fahren zu jedem einzelnen Kunden und führen die Geschäfte händisch aus. Mikrofinanzbefürworter argumentieren, dass der Vergleich zu unseren Zinssätzen nicht durchführbar sei, da eine höhere Inflationsrate und höhere Zinsen in Ländern mit MFI üblich sind.[71]

Mikrokredite werden, wie in der Arbeit schon erwähnt, vor allem im informellen Sektor vergeben. Als Folge entsteht das wohl größte Problem für Mikrokreditnehmer: Ein einheitliches Meldesystem ist dadurch nicht darstellbar. Somit ist die Gefahr einer Über-schuldung für den Kreditnehmer ein nicht zu unterschätzendes Problem. Den Gläubigern fehlt es an der Möglichkeit zu überprüfen, ob die Kreditsumme zum Ablösen einer anderen Verbindlichkeit aufgenommen wird. Da Mikrokredite durch kurze Laufzeiten und wöchentliche Tilgungsraten gekennzeichnet sind, können gerade die Einkommensschwachen nicht immer die hohen Raten aufbringen und lösen dann eine Verbindlichkeit mit der nächsten ab, was zu einem Kreislauf führen kann. Die Überschuldungsfalle wurde erst 2010 in Medien deutlich, da zum ersten mal Reporter von Selbstmorden einiger Kreditnehmerinnen in Indien berichteten. Daraufhin wurde das System der

---

[69] ebenda, S. 11

[70] Vgl. Klas, G. (2014), S. 4f.

[71] Vgl. Invest in Vision (2014), S. 2

Mikrokredite erstmals kritisch hinterfragt. Eine Studie der Aufsichtsbehörde für MFI in Bangladesch (Microcredit Regulatory Authority) besagt, dass 70% der Kreditnehmer in Bangladesch mehr als einen Mikrokredit bei unterschiedlichen MFI tilgen. Große systematische Fehler werfen die Kritiker der Mikrofinanzindustrie vor.[72] Diese systematischen Fehler könnten in den nächsten Jahren noch gravierender werden, da das Volumen - wie in Abbildung 3 aufgezeigt - stetig wachsen wird. In der heutigen Zeit ist ein Kundenberater eines MFI für über 400 Kreditnehmer zuständig. Dies führt dazu, dass die Kundenberater oft länger als 12 Stunden täglich arbeiten und somit eine individuelle und zeitintensive Beratung, die notwendig und auf den Schuldner zugeschnitten ist, nicht mehr stattfinden kann. Außerdem werden die Kundenberater bei der Vergabe von neuen Krediten sowie deren Rückführung gemessen. Diese Erfolgsquotenmessung kann dazu führen, dass die Mitarbeiter der MFI in Stresssituationen die Fassung gegenüber ihren Kunden verlieren. Von ausfallenden Worten bis hin zu Handgreiflichkeiten wird berichtet. Eine derartige Ausgangslage ist für Kundenbetreuer und Schuldner nicht optimal und führt im schlimmsten Fall zu seelischen Erkrankungen bis hin zu Selbstmorden bei Gläubigern.[73] Ein Gegensteuern durch die MFI ist bisweilen noch nicht erfolgt, da die Aufstockung der Mitarbeiter auf den Profit drücken würde, was wiederum Investoren verärgern könnte oder im schlimmsten Fall diese ihre Einlagen entziehen würden.

3.5. Vorteile der Mikrokredite

Die Mikrofinanzbranche hat, wie in den vorangegangen Kapiteln beschrieben, einen rasanten Anstieg erlebt. Heutzutage sind Mikrokredite eines der wichtigsten Instrumente der Entwicklungshilfe, weil sie der Bevölkerung von Entwicklungsländern die Möglichkeit bieten, sich eine eigene Existenz aufzubauen.[74] Durch das zur Verfügung gestellte Kapital für Wirtschaftsgüter zu Zinssätzen, welche im Vergleich zu unseren Zinssätzen hoch erscheinen, aber deutlich unter den Zinssätzen privater Geldverleiher liegen, entstand eine neue Möglichkeit der Kreditaufnahme in Entwicklungsländern. Zudem haben Mikrokredite eine Rückzahlungsquote von annähernd 98%. Dies zeigt, dass die laufende Betreuung und gegebenenfalls eine Anpassung der Rahmenbedienungen z.B. Anpas-

---

[72] Vgl. Klas, G. (2014), S. 7 f.

[73] Vgl. Klas, G. (2011), S. 38

[74] Vgl. Klas, G. (2011), S. 40 f.

sung der Zahlungsströme des Darlehens, funktioniert.[75] Der Vorteil, sagen Befürworter, zu herkömmlichen Instrumenten der Entwicklungshilfen wie Schuldenerlass oder Spenden, sogenannte „Top-Down Instrumente", liegt im Umgang mit der Bevölkerung. Diese lehrt, dass man durch eigene Anstrengung seine Lebenssituation verbessern kann und nicht ewig von externen Hilfen abhängig sein muss.[76] Durch den entstehenden Dialog zwischen MFI und Kunden lernen die Kunden, wie sie sich selbst helfen können – eine Hilfe zur Selbsthilfe[77].

Für diese Thesis der Selbsthilfe spricht auch, dass eine Vielzahl von Kreditnehmern Frauen sind. Die Emanzipation und die Unabhängigkeit der Frauen stieg in den Entwicklungsländern stark. Durch den Zugang zu Finanzdienstleitungen erhalten sie eine Gleichstellung mit Männern. Frauen werden dadurch selbständiger und lernen ihre eigenen Ziele und Wünsche zu definieren und zu verfolgen, was ihnen hilft, ihre Familien selbstständig zu ernähren und den Kindern eine bessere Zukunft zu ermöglichen.[78] Die nächste Generation hat somit die Chance, eine besser bezahlte Arbeit zu finden und damit den Wohlstand der Familie voranzutreiben. Ein weiteres Indiz dafür, dass Mikrokredite gut für den Wohlstand der Entwicklungsländer sind, kommt im Jahr 2006 von der CGAP. Diese schätzte, dass 80% der Unternehmen, die in Entwicklungsländer bestehen, im Zuge ihrer Unternehmensgründung mindestens einen Mikrokredit aufgenommen haben.[79]

Der Vorteil für die Investoren gegenüber Spenden oder zinslosen Darlehen besteht darin, dass eine Rückführung des überlassenen Kapitals plus Zinsen erfolgt und durch weitere Globalisierung der Entwicklungsländer mit steigendem Wohlstand der Bevölkerung neue Märkte entstehen, in denen Unternehmen neue Absatzmärkte finden.[80]

---

[75] Vgl. Invest in Vision (2014), S. 2

[76] Vgl. Deutsche Bank Research (2008), S. 7

[77] Vgl. Brinkmann, V. (2010), S. 201

[78] Vgl. Sütterlin, S. (2007), S.67

[79] Vgl. Dreher, M. (2006)

[80] Vgl. Kammerar, S. (2007)

4. Möglichkeiten des Investment

In den letzten Jahren hat sich das Spektrum von Mikrofinanzprodukten und die Bandbreite der Investorengruppe deutlich erhöht. Dabei wurde als Produkt für Mikrofinanzanlagen immer der Investmentfonds genannt und auch in der breiten Öffentlichkeit ist dieser Begriff gängig. Da der Begriff Investmentfond aber streng juristisch nicht zum eigentlichen Aufbau von diesen Investmentprodukten passt, bezeichnet man sie in der Praxis als Microfinance Investment Vehicles (MIV).[81] MicroRate, die erste Ratingagentur für MFI und MIV zählte und bewertete 84 MIV im Jahre 2012, welche zusammen ein Vermögen von 7,5 Billionen US Dollar verwalten.[82]

Diese MIV investieren das Geld durch strukturierte Schuldverschreibungen, welche aus einer Mischung von Eigenkapitalinstrumenten, Mezzaninekapital und Garantien bestehen. Direkte Eigenkapitaleinlagen in Form von Aktien oder Gesellschaftsanteilen sind in der Praxis weniger verbreitet. Dabei werden die MIV je nach Kommerzialisierung der Anlagestrategie des MIV in drei übergeordneten Kategorien eingeteilt:[83]

Anlagestrategien von MIV

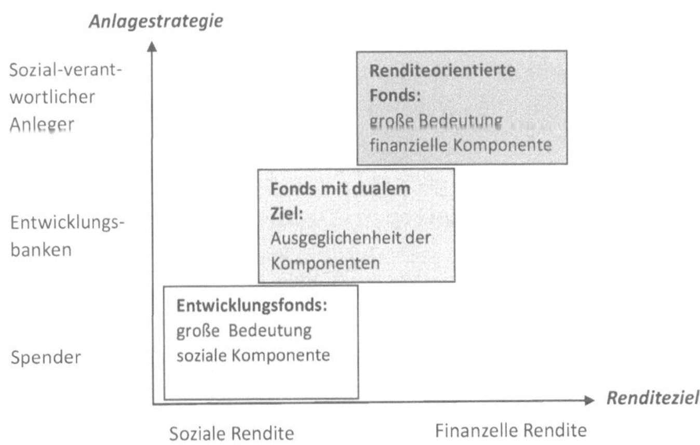

Abbildung 10. Eigene Darstellung nach Deutsche Bank Research (2008) S. 14

---

[81] Vgl. Deutsche Bank Research (2008), S. 14 f.

[82] Vgl. The State of Microfinance Investment (2013), S. 4 f.

[83] ebenda, S. 14

Wie Abbildung 10 skizziert, steigt je nach Renditeorientierung der Anleger die Kommerzialisierung des favorisierten MIV.

Im weiteren Verlauf der Arbeit werden zu jeder Anlagestrategie Beispiele und deren Aufbau und Charakteristiken beschrieben. Daraufhin werden die Chancen-Risikoprofile der Fonds untereinander aber auch mit herkömmlichen Anlageprodukten verglichen, um das Investment im Anlageportfolio einordnen zu können. Abschließend wird in diesem Kapitel die Wirkung der MIV auf die einzelnen Entwicklungsländer begutachtet.

4.1. Renditeorientierte Fonds

Die renditeorientierten Fonds, auch oft als kommerzielle MIVs bezeichnet, charakterisieren sich durch eine finanzielle Zielrendite, die im Vorneherein festgelegt ist. Gleichzeitig streben sie zwar auch eine soziale Rendite an, diese ist aber der finanziellen Rendite untergeordnet. Der Großteil des investierten Kapitals, welche als offene Publikumsfonds verwaltet werden, bilden die kommerziellen Vehikel ab. Diese MIV haben im Allgemeinen auch die striktesten Anforderungen an Transparenz und Standardisierung der MFI.[84] Dabei investieren die Anlageprodukte nur sehr selten in die Eigenkapitaleinlagen von MFI, sondern arbeiten häufig mit Schuldverschreibungen oder Darlehen.[85]

4.1.1. Dual Return Fund -Vision Microfinance

Der Dual Return Fund–Vision Microfinance (DRF) ist ein offener Anlagefonds nach luxemburgischem Recht. Offene Anlagefonds sind Anlageprodukte, in die jederzeit investiert werden kann und auch keine vorher zeitliche Kapitalbindung bestimmt ist. Da das MIV luxemburgischem Recht unterliegt, ist der Vertrieb durch die Bundesanstalt für Bankenaufsicht in Deutschland für private Anleger nicht freigegeben, sondern der Kunde muss für den Kauf dieses Fonds auf seine Depot führende Bank zugehen. Ziel des Fonds ist es, den Investoren einen Wertzuwachs ihres Kapitals durch Anlage im Bereich Mikrofinanz zu erbringen. Die primäre Anlage des MIV ist das Darlehensgeschäft, welches durch den Kauf von Schuldverschreibungen oder durch Collateral Debt Obligations (CDO) erfolgt. Dabei sind Schuldverschreibungen ein Forderungspapier gegen ein MFI und CDO eine Bündelung von Forderungspapieren von mehreren MFI, welche auch bei Ausfall dieser nachrangig bedient werden. Somit werden die überwiegenden

---

[84] Vgl. Deutsche Bank Research (2008), S. 15

[85] Vgl. Goodmann, P. (2007), S. 26

Erträge aus Zinszahlungen der MFI generiert. Zudem hat der Fondsmanager die Möglichkeit, sich über Derivate gegen Kurs-, Zins-, und Währungsrisiken abzusichern. Das MIV gibt zehn verschiedene Aktienklassen aus, die sich in Währungsnotierung, Mindestanlagebetrag und Verwendung der Erträge unterscheiden. Um die MIV untereinander vergleichen zu können, wird in dieser Arbeit auf die Aktienklasse P – EUR mit der ISIN: LU0236782842 eingegangen.[86]

Erstzeichnungsfrist des Fonds war vom 9. Dezember 2005 bis zum 27. März 2006.[87] Wobei der Erstzeichnungspreis bei 1.000 EUR pro Anteil lag, was heute auch noch als Mindestanlagebetrag benötigt wird. Der erwirtschafte Ertrag wird jedes Jahr thesaurierend angelegt. Die Darlehen, welche der MIV an die MFI herausgab, notieren größtenteils in US Dollar und die Kupons bewegen sich je nach Bonität des Kontrahenten zwischen 4,9 bis 10% per anno.[88] Der Dual Return Fund verwaltet zum Quartalsende 2015 ein Gesamtvolumen von 204 Millionen Euro, wovon 90% im Mikrofinanzsektor investiert waren. Die restlichen 10% des Kapitals werden in Liquidität gehalten um mögliche Auszahlungen an Anteilseigner zu ermöglichen.[89] Dabei setzt das Fonds-management auf eine breite Diversifikation bei der Auswahl der Regionen für das ihnen anvertraute Kapital. Auffällig ist, dass die Regionen Zentral- und Nordafrika sowie Ost Europa im Portfolio des MIV geringer gewichtet sind und der Schwerpunkt auf dem asiatischen Raum liegt.

Regionale Verteilung des Portfolios

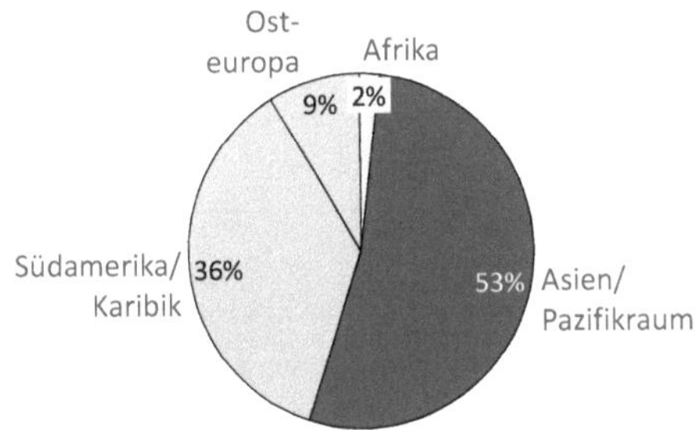

Abbildung 11: Eigene Darstellung nach DRF Halbjahresbericht (2015), S. 10

---

[86] Vgl. Dual Return Fund Verkaufsprospekt, S. 4 ff.

[87] ebenda, S. 43

[88] Vgl. Dual Return Fund Halbjahresbericht (2015), S. 18 ff.

[89] ebenda, S. 9

Im Juni des Jahres 2015 erreichten die Mittel des MIV 180.610 Mikrokreditnehmer, davon sind 53% weiblich und 83% der Kredite wurden als individuelle
Kredit-vereinbarungen mit einer durchschnittlichen Kredithöhe von 3.159 US
Dollar vergeben. Hierbei zeigt sich, dass das Portfolio des Fonds mit Schuldverschreibungen von standardisierten MFI bestückt ist. Das große Durchschnittliche Kreditvolumen der individualen Darlehen lässt darauf schließen, dass die
MFI lieber Darlehen mit höherem Volumen abschließen, was eine fortgeschrit-
tene Standardisierung voraussetzt, da große einzelne Darlehen größere Ausfall-
risiken bürgen. Der Verwendungszweck der vergebenen Mikrokredite beschränkt sich nicht nur auf die Landwirtschaft (23%) und den Konsum (32%),
sondern versorgt auch den Handel (23%) und den Dienstleistungssektor (16%).[90]

Für den Erwerb des Fonds fällt ein einmaliger Ausgabeaufschlag in Höhe von 3
% des Investitionsbetrags an. Laufende Kosten werden dem Fonds während des
Jahres abgezogen, eine Performancefee (Gebühr für Outperformance einer
Benchmark), gibt es nicht.[91] Die Wertentwicklung des MIV bewegte sich in den
letzten Jahren sehr konstant im Renditebereich von 2,5 bis 3 % p.a. Ab dem Jahr
2008 ist eine sinkende Tendenz der Rendite zu sehen, da die Finanzkrise auch zu
Turbulenzen in Schwellen- und Entwicklungsländern führte. Zudem wurde
durch den größeren Liquiditätszufluss in den letzten Jahren vermehrt MIV aufgelegt, was zu Konkurrenz- und Preisdruck führte.[92]

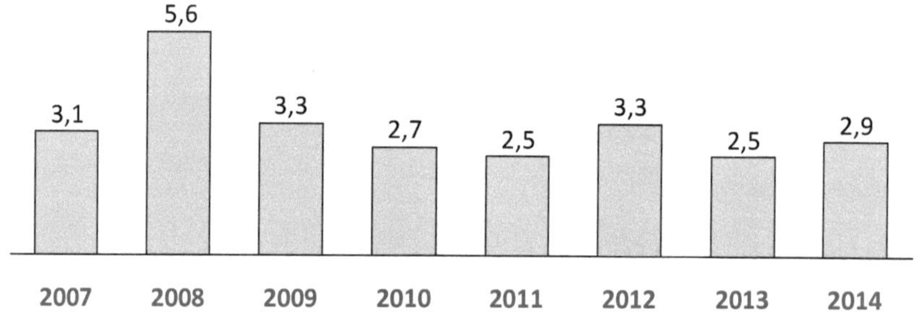

Abbildung 12: Quelle Wesentliche Anleger Informationen DRF (24.02.2015)

---

[90] Vgl. Dual Return Fund Halbjahresbericht (2015), S. 11

[91] Vgl. Dual Return Fund Wesentliche Anlegerinformationen (2015)

[92] Vgl. Dual Return Fund Jahresbericht (2008), S. 7

Wenn wir nun die Wertentwicklung der letzten acht Jahre als Grundlage für die Berechnung des arithmetischen Mittels annehmen, erhalten wir eine erwartete Rendite von 3,24 % p.a.

$$X(r) = \frac{r_1 + r_2 + \cdots + r_n}{n}$$

$$X(r) = \frac{3,1\% + 5,6\% + 3,3\% + 2,7\% + 2,5\% + 3,3\% + 2,5\% + 2,9\%}{8\,\text{Jahre}}$$

$$X(r) = 3,2375\%$$

Daraufhin lässt sich die Varianz von der erwartenden Rendite berechnen.

$$S^2(r) = \frac{\left(r_1 - X(r)\right)^2 + \left(r_2 - X(r)\right)^2 + \cdots + \left(r_n - X(r)\right)^2}{n}$$

$$S^2(r)$$
$$= \frac{(0,0189)^2 + (5,5814)^2 + (0,0039)^2 \times 2 + (0,3891)^2 + (0,5439)^2 \times 2 + (0,1139)^2}{8}$$

$$S^2(r) = 0,89987$$

Über das Maß der Varianz lassen sich keine Interpretationsrückschlüsse zur Streuung des Datenmaterials machen. Daher muss als letzter Schritt die Standardabweichung des MIV berechnet werden.

$$S(r) = \sqrt{S^2(r)}$$

$$S(r) = \sqrt{0,89987}$$

$$S(r) = 0,949\%$$

Das bedeutet, dass sich die Abweichung von der erwartenden Rendite beim Dual Return Fund auf 0,949 % beläuft. Ob diese Werte ein gutes Ergebnis sind, wird im späteren Kapitel 4.5. thematisiert.

Die Verfügbarkeit des investierten Kapitals ist nicht jederzeit möglich. Es ist eine Kündigung bis zum zehnten Bankarbeitstag jedes Monates notwendig, damit man seine Fondanteile zum Bewertungstag, dem 25sten jeden Monates ausbezahlt bekommt.[93]

4.1.2. responsAbility Global Microfinance Fund

Der responsAbility Global Microfinance Fund ist wie der DRF ein offener Anlagefond nach luxemburgischem Recht und wird daher auch an der Börse in Luxemburg gelistet. Für den Vertrieb an private Anleger in Deutschland ist der

---

[93] Vgl. Verkaufsprospekt Dual Return Fond (2014), S. 48

Fonds nicht zugelassen, weshalb er von privaten Anlegern selber geordert werden muss.[94] Der Fondsmanager kann dabei hauptsächlich in festverzinsliche Schuldverschreibungen von MFI investieren. Investitionen in Beteiligungskapital wie Aktien, Genussscheine oder Genossenschaftsanteile von MFI ist auf 25% des Gesamtvermögens des Fonds begrenzt, was ein großer Unterschied zum DRF ist. Durch diese Zusammensetzung wird der Großteil der Performance durch die Zinszahlungen der MFI erwirtschaftet. Durch Einsatz von Derivaten kann der Fondsmanager zusätzlich Ertrag generieren, wobei diese primär für Absicherungszwecke gekauft werden. Die Bandbreite der Kupons der Schuldverschreibungen liegt je nach Bonität und Währung, in welcher diese notiert sind, zwischen 4,75 bis 23,3% per anno.[95] Der responsAbility Global Microfinance Fund gibt sechs verschiedene Anteilsklassen aus, dabei sind drei nur für institutionelle Anleger zu erwerben. Die drei verbleibenden Anteilsklassen unterscheiden sich in der Währung, in denen sie notiert werden (USD, CHF und EUR). Für die weitere Betrachtung wird auf die Anteilsklasse responsAbility Global Microfund Fund H EUR eingegangen. Diese ist unter der ISIN: LU0180190273 an der Börse gelistet. Das Auflegungsdatum der Anteilsklasse war am 26. Januar 2006 mit dem Mindestanlagebetrag von 1.000 EUR. Die laufenden Erträge des Fonds werden jedes Jahr thesaurierend angelegt, dabei hat der Fondsmanager eine angestrebte Netto-Zielrendite von 3 bis 5% per anno[96]. Im April 2015 betrug das Gesamtvolumen des MIV 13 Millionen USD, wovon 85% im Mikrofinanzsektor investiert sind, aus identischen Gründe wie beim DRF. Bei der regionalen Diversifikation fällt beim responsAbility Global Microfinance Fund auf, dass wir im Vergleich zum DRF eine ausgewogenere regionale Aufteilung des Portfolios haben.[97]

---

[94] Vgl. responsAbility Global Microfinance Fund Halbjahresbericht (2014), S. 4

[95] Vgl. responsAbility Global Microfinance Fund Jahresbericht (2015), S. 21 ff.

[96] Vgl. responsAbility Global Microfinance Fund Monatsbericht April (2015), S.2

[97] ebenda, S.2

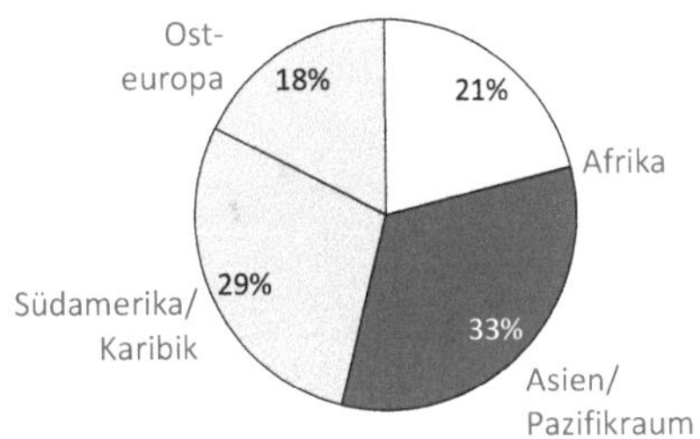

Abbildung 13: Eigene Darstellung nach Jahresbericht 2015[98]

Laut Monatsbericht April 2015 erreichte der Fond 34.180.470 Mikrofinanzkunden, davon sind 77% weibliche Kreditnehmer. Die durchschnittliche Kredithöhe liegt zurzeit bei 1.614 USD und wird zu 64% in ländlichen Gebieten in Anspruch genommen. Diese Zahlen zeigen, dass die Verwendung von Mikrokrediten stark variiert, je nachdem in welchen Regionen das MIV sein Kapital investiert. Für den Erwerb des Fonds fallen einmalig 5% des Investitionsbetrags an. Die laufenden Kosten wie z.B. Transaktions-kosten, Portfoliomanagerfee oder Verwaltungsgebühr werden dem MIV unterjährig belastet, welche in der nachstehenden Performancedarstellung schon berücksichtigt sind. Eine Performancefee fällt auch bei diesem MIV nicht an.[99] Auffällig ist bei der Rendite des MIV, dass wir 2009 einen extrem starken Einbruch des Ertrages hatten. Dieser Ausreiser entstand im September 2009, als der Fondsmanager aufgrund von politischen und sozialen Unruhen in Nicaragua große Rückstellungen bildete. Damals wurde befürchtet, dass durch diese Spannungen Anleihen von MFI ausfallen würden und sich die Krise auch auf Nachbarländer, in denen das MIV investierte, ausbreiten könnte.[100]

---

[98] Vgl. responsAbility Global Microfinance Fund Jahresbericht (2015), S. 20

[99] Vgl. responsAbility Global Microfinance Fund Monatsbericht April (2015), S.2

[100] Vgl. responsAbility Global Microfinance Fond Halbjahresbericht (2009), S. 5

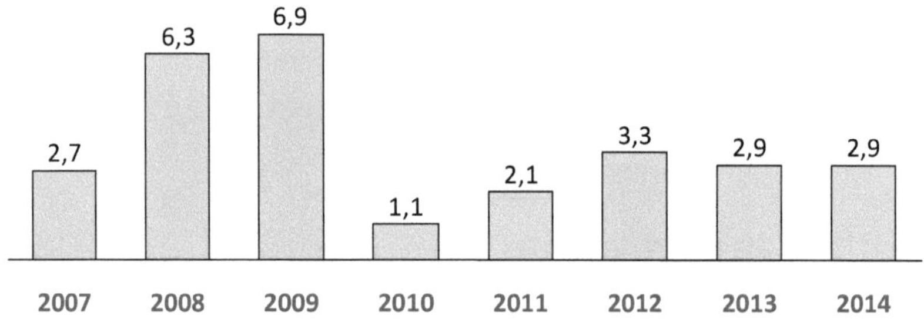

Abbildung 14: Quelle WAI responsAbility Global Microfinance Fund H EUR (2014)

Für den späteren Vergleich der MIV untereinander werden die Renditen seit 2007 veranschlagt, um den Mittelwert, die Varianz und die Standartabweichung zu berechnen.

Erwartende Rendite	Varianz	Standardabweichung
3,525 %	3,5644	1,888 %

Tabelle 1: Eigene Berechnung aus WAI responsAbility Global Microfinance Fund H

Die Anteile des MIV können durch eine Kündigung auf das Quartalsende liquidiert werden, wobei die Kündigungsfrist von 45 Kalendertagen beachtet werden muss.[101]

4.1.3. Invest in Vision

Der Invest in Vision (IIV) Fond ist der erste Mikrofinanzfonds, der in Deutschland eine Zulassung für den Vertrieb erhalten hat. Dabei unterteilt sich diese MIV in zwei Teilfonds. Einmal in den Mikrofinanzfond Class R für Privatanleger mit der WKN: A1H44T und dem Class I für institutionelle Anleger, welcher unter der WKN: A1H44S gelistet ist.[102] Dabei konzentriert sich das MIV auf kleinere MFI, sogenannte Tier 2 und Tier 3 Institute in Dritt- und Schwellenländern.[103] Hierbei refinanziert sich diese MFI durch Kredite und Ankauf von Schuldscheindarlehen. Die Rückführung des Kapitals ist die Hauptquelle der

---

[101] Vgl. responsAbility Global Microfinance Fond Monatsbericht August (2014), S. 2

[102] Vgl. Invest in Visions (2015), S. 1

[103] Vgl. Invest in Visions Homepage

Performance. Dabei werden die Erträge, anders als bei den vorigen MIV, ausgeschüttet. Die Kupons der Schuldverschreibungen bewegen sich je nach Bonität der MIF zwischen 6 bis 9,75% per anno, wobei zurzeit alle Schuldverschreibungen in USD notiert sind.[104] Zudem hat der Fondsmanager die Möglichkeit, Derivate als Absicherungsinstrumente einzusetzen. Der IIV verwaltet zum Juli 2015 168 Millionen Euro. Mit diesen Mitteln wurden insgesamt 58.365 Mikrokreditnehmer erreicht. Dabei ist die Aufteilung unter den Geschlechtern fast ausgeglichen (55% weibliche Kreditnehmer) und damit vergleichbar mit dem DRF. Auch die Verwendung der Mikrokredite durch die Schuldner ist sehr differenziert; in die Produktion werden 43% investiert, danach folgt mit 30% die Landwirtschaft und der Konsum mit 20%. Der Dienstleistungssektor wird mit 7% am wenigsten durch den Fonds gefördert.[105] Die Aufteilung des MIV ist wie bei den meisten kommerziellen Fonds stark von Asien und Lateinamerika abhängig, da hier über 90% des verwalteten Geldes angelegt sind.

Regionale Verteilung des Portfolios

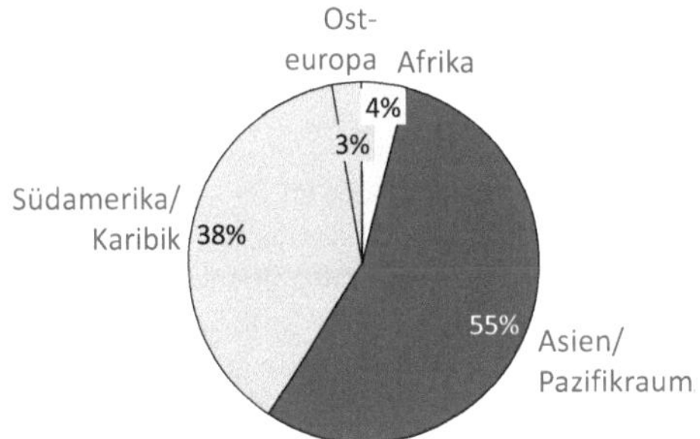

Abbildung 15: Eigene Darstellung nach Jahresbericht 2014[106]

Die Erstauflage des Invest in Visions war am 10.10.2011 mit der Mindestanlagesumme von 100 EUR für den Class R. Für den Erwerb des Fonds fällt ein einmaliger Ausgabeaufschlag an, der sich auf 3% der Investitionssumme beziffert. Laufende Kosten werden wie bei allen vorgestellten Fonds im Laufe des Geschäftsjahres an der Performance abgezogen. Bei der Renditebetrachtung ist

---

[104] Vgl. Invest in Visions Jahresbericht (2014), S. 7

[105] ebenda, S. 5

[106] Vgl. Invest in Visions Jahresbericht (2014), S. 6

zu beachten, dass wir hier einen sehr „jungen" Mikrofinanzfonds in die Betrachtung einbeziehen. Dies wird als sinnvoll erachtet, da dieses MIV im Gegensatz zu dem DRF und responsAbility Global Fund der Regulierung der Bundesanstalt für Finanzdienstleitung unterliegt.[107]

Wertentwicklung [in %]

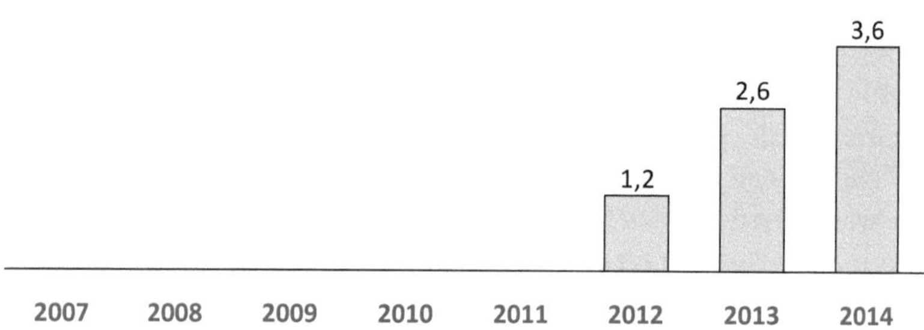

Abbildung 16: Quelle WAI Invest in Vision Mikrofinanzfonds Class R (2015)

Durch die Renditen aus den letzten drei Jahren ergeben sich folgende Werte:

Erwartende Rendite	Varianz	Standardabweichung
2,4667 %	0,9689	0,9843 %

Tabelle 2: Eigene Berechnung aus WAI IIV Mikrofinanzfonds Class R

Kündigungen der Anlage sind bei diesem MIV jeweils zum 20. des Vormonats zum Quartalsende und können über die depotführende Bank angezeigt werden.

4.2. Fonds mit dualem Anlageziel

Diese Gruppe der MIV hat die doppelte Zielsetzung, einer moderaten finanziellen Rendite sowie eines sozialen Nutzens. Die finanzielle Rendite darf damit auch unter marktüblichen Erträgen liegen.[108] Jedoch lässt sich die Aufteilung der Vehikel nicht nach tatsächlichen Renditen untergliedern, da in der Vergangenheit teilweise höhere Renditen erwirtschaftet worden sind, als kommerzielle Ve-

---

[107] ebenda S. 16

[108] Vgl. Deutsche Bank Research (2008), S. 17

hikel.[109] Dies kann dadurch begründet werden, dass diese Fonds auch in das Eigenkapital von MFI investieren, welches sich als renditestärker erwiesen hat.

4.2.1. Triodos Fair Share Fund

Der Triodos Fair Share Fund wurde 2002 in Holland als einer der ersten MIV für private Anleger erstellt. Dabei stellt das MIV den Finanzinstitutionen in Entwicklungsländern Fremd- und Eigenkapital zur Verfügung, sofern diese nachhaltige Ansätze bieten, um die mit Finanzdienstleitungen unterversorgten Menschengruppen zu bedienen. Dabei verfolgt der Fonds nicht nur das traditionelle Geschäftsmodell der Finanzierung von MFI, sondern verstärkt zunehmend die Investitionen in Spezialbanken und Leasing-gesellschaften, welche sich auf die einkommensschwachen Schichten konzentrieren.[110]

Zum Jahresende 2013 verwaltet das MIV Einlagen in Höhe von 199,8 Millionen Euro, welche zu 22% als Eigenkapitalbeteiligung in MFI und Spezialbanken investiert sind. Das Ziel des MIV ist es, dies bis auf eine Quote von bis zu 40% aufzubauen, hier zeigt sich deutlich der Unterschied zu kommerziellen MIV, die sehr wenig bis gar kein Eigenkapital zur Verfügung stellen.[111] Die duale Zielsetzung zeigt sich auch darin, dass das MIV die Schuldverschreibungen der MFI meist in der Landeswährung aufnimmt und das Währungsrisiko selbst über Derivatgeschäfte absichert und somit das Risiko für starke Kursschwankungen der einheimischen Währung der MFI selbst übernimmt. Durch die weltweite Aktivität des MIV erreicht das Kapital über die MFI 6 Millionen Menschen mit Mikrokrediten und anderen Mikrofinanzprodukten. Das durchschnittliche Kreditvolumen liegt dabei bei 1.480 Euro pro Darlehensnehmer. Dabei fällt auf, dass das Portfolio eine homogenere Verteilung unter den verschiedenen Regionen der Entwicklungsländer zeigt.[112]

---

[109] Vgl. Goodman, P. (2007), S. 27

[110] Vgl. www.Triodos.com

[111] Vgl. Jahresabschlussbericht Triodos Fair Share Fund 2013, S. 15

[112] Vgl. Jahresabschlussbericht Triodos Fair Share Fund 2013, S. 16

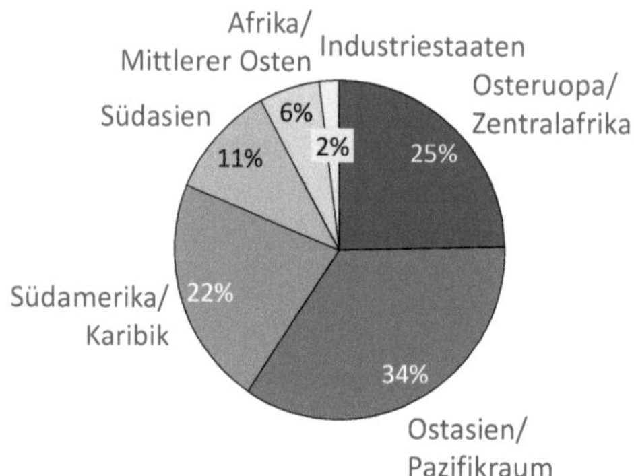

Abbildung 17: Quelle Jahresabschlussbericht Triodos Fair Share Fund 2013, S. 16

Das Investment in dieses MIV wird über die Triodos Bank getätigt und dort auch im Depot verwaltet, wobei die Anlagesumme für einen Anteil Ende 2013 bei 36,79 Euro lag. Die Erträge, welche der Fonds über das Geschäftsjahr generiert, werden thesaurierend in neue Fondsanteile angelegt.[113]

Wertentwicklung [in %]

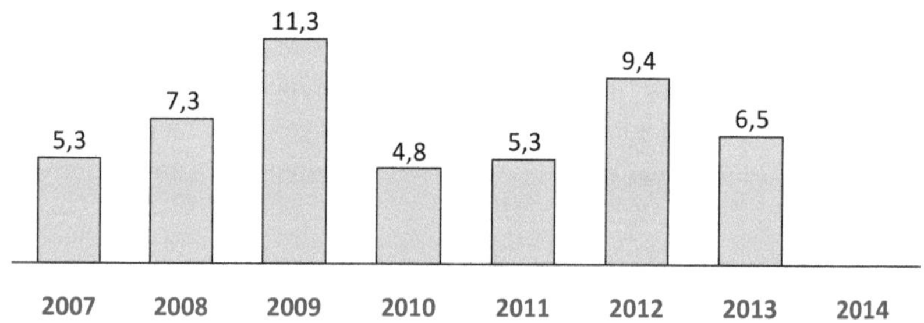

Abbildung 18: Eigene Abbildung nach Triodos Fair Share Fund Jahresberichten 2011 und 2013[114]

---

[113] ebenda S. 4

[114] Vgl. Triodos Fair Share Fund Jahresbericht 2011, S. 4 und Jahresbericht 2013, S. 4

Erwartende Rendite	Varianz	Standardabweichung
7,13 %	5,0135	2,239 %

Tabelle 3: Eigene Berechnung aus Triodos Faire Share Fund Jahresberichten 2011 und 2013

Durch das Investment, dass nicht nur in Schuldtitel, sondern auch in das Eigenkapital der MFI erfolgt, zeigt sich, dass die zu erwartende Rendite über denen der anderen MIV liegt.

4.3. Entwicklungsfonds

Die Entwicklungsfonds agieren als nicht gewinnorientierte Organisationen. Deshalb ist die finanzielle Rendite dem sozialen Nutzen untergeordnet. Oft werden Darlehen, Garantien oder Eigenkapital an MFI auch mit einer technischen Zusammenarbeit gekoppelt, um die Entwicklungspolitik auch mit Know-How und nicht nur mit Kapital zu unterstützen.[115]

4.3.1. Oikocredit

Die 1975 gegründete Entwicklungsgenossenschaft Oikocredit ist das Paradebeispiel für einen Entwicklungsfond. In den siebziger Jahren startete diese MIV mit dem Erwerben von ausreichend Kapital von Kirchen. Durch die Themenschwerpunkte der wirtschaftlichen und sozialen Weiterentwicklung akquirierten die Gründer Kapital für erste Projekte in Indien und Ecuador.[116] Heutzutage spielt die Kirche eine untergeordnete Rolle, jedoch haben viele ehrenamtliche Mitarbeiter der Genossenschaft eine starke Bindung zur Kirche. Obwohl die Religion keine Rolle bei der Auswahl der unterstützten Projekte spielt, erfüllen diese meist die Auswahlkriterien der Organisation.[117]

Oikocredit ist ein rechtsfähiger, genossenschaftlich organisierter, eingetragener Verein gemäß niederländischer Gesetzgebung. Durch diese Rechtsform können sich auch außerhalb den Niederlanden Zweigstellen errichten, welche die Abwicklung der Geschäfte in dem jeweiligen Ländern übernehmen. Im Jahr 2014 hat Oikocredit ein verfügbares Kapital von 810 Millionen EUR durch 53.000 Anleger weltweit zur Verwaltung. Im Gegensatz zu den kommerziellen und dua-

---

[115] Vgl. Deutsche Bank Research (2008), S. 15

[116] Vgl. www.okiocredit.de/ueber-uns

[117] Vgl. Kurspahic, L. (2012), S. 70

len MIV unterstützen diese nicht nur MFI mit Krediten und Kapitalbeteiligungen, sondern fördern auch Handels- und Produktions-genossenschaften sowie kleinere Unternehmen direkt mit Kapital und Beratung. Es zeigt sich stark an den Zahlen, wie die Genossenschaft die Mittel investiert. 82% der Mittel (entspricht 662 Millionen EUR) werden über Schuldtitel und Beteiligungstitel in MFI investiert. Die verbleibenden Mittel in Höhe von 148 Millionen EUR sind in direkten Krediten an Unternehmen und Genossenschaften investiert. Durch diese Konstellation ist Oikocredit mit Partnern in verschiedenen Wirtschaftssektoren in über 70 Ländern der Welt aktiv.[118]

In der nachfolgenden Abbildung soll die Länderdiversifikation des gesamten Kreditvolumens dargestellt werden, wobei das gesamte Kreditportfolio nicht nur aus Schuldverschreibungen aus der Finanzbranche besteht.

Regionale Verteilung des Portfolios

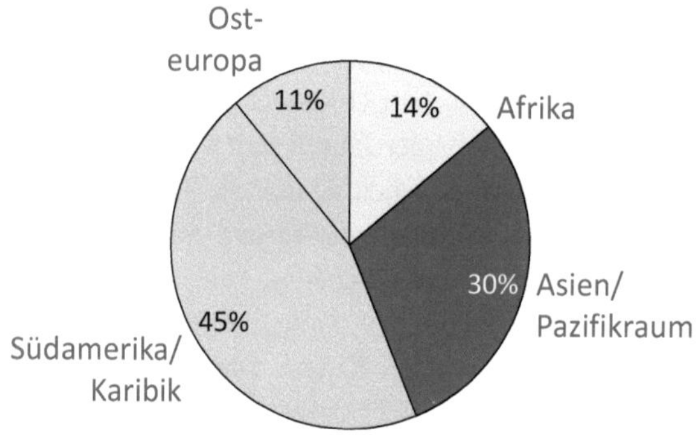

Abbildung 19: Quelle www.oikocredit.de/fakten-und-zahlen

Die Geldanlage bei Oikocredit erfolgt durch Zeichnung von Genossenschaftsanteilen der Oikocredit International. Die Mindestanlagesumme entspricht einem Genossenschafts-anteil, welcher 200 EUR wert ist; weitere Depot-, Verwaltungs- oder Transaktionskosten entstehen nicht. Für den Erwerb der Anteile muss man jedoch Mitglied beim Oikocredit Förderkreises sein, was einen jährlichen Mitgliedsbeitrag von 20 EUR verursacht. Das Verlustrisiko ist auf die Einlage der Genossenschaftsanteile begrenzt, ein Verkauf der Genossenschaftsanteile ist jederzeit möglich. Oikocredit zahlt eine erfolgsabhängige Dividende, die

---

[118] Vgl. Jahresbericht Oikocredit (2014), S. 7 ff.

nach bisheriger Geschäftspraxis auf 2% per anno begrenzt ist und durchaus geringer ausfallen oder ausbleiben kann.[119]

Da seit 23 Jahren die Dividendenpolitik bei Oikocredit konstant bei 2 % per anno gehalten wurde, beläuft sich die Standardabweichung auf null.[120]

Erwartende Rendite	Varianz	Standardabweichung
2%	0	0 %

Tabelle 4: Eigene Berechnung nach Verkaufsprospekt Oikocredit (2015)

4.3.2. Calvert Foundation

Einen einzigartigen Weg in der Mikrofinanzbranche geht die Calvert Foundation, eine Non-Profit Organisation, welche 1988 in Amerika gegründet wurde. Diese vergibt Schuldverschreibungen, sogenannte Calvert Foundation´s Community Investment Notes, welche das Ziel verfolgen, die Armut zu bekämpfen. Dabei investiert die Calvert Foundation nicht nur in Entwicklungsländer, sondern lenkt ihr Investorenkapital auch in kleine Unternehmen und Institutionen in den USA.[121] Das besondere an den Investment Notes ist, dass der Investor eine sehr flexible Vertragsgestaltung vorfindet. Die Anteile können verschiedene Laufzeiten (von 1 bis 10 Jahre) sowie einen festen Zinsatz (0 bis 3% per anno) haben und sind vom Anleger frei wählbar. Investitionen sind Online schon ab 20 USD möglich und werden über www.vested.org erworben.[122] Durch die große Vernetzung der Calvert Foundationen bietet diese die Möglichkeit, das Kapital, welches in die Foundation investiert wird, auch einem bestimmten Zweck zuzuführen. Einige Note Optionen sind MFI wie die Garmee Bank, welche in Bangladesch agiert oder Oikocredit, welches im vorangegangen Kapitel beschrieben worden ist. Andere bieten Unterstützung an benachteiligten Bevölkerungsgruppen in Amerika wie zum Beispiel die LBGT an, eine Vereinigung, welche homosexuelle und transsexuelle Menschen unterstützt.[123]

Zum 31. Dezember 2014 hat die Calvert Foundation Einlagen in Höhe von 89,7 Millionen USD in ihrem Portfolio, wovon 31,4 Millionen in MFI und Projekte

---

[119] Vgl. Verkaufsprospekt Oikocredit Baden- Württemberg (2015), S. 19 ff.

[120] Vgl. www.oikocredit.de/investieren

[121] Vgl. Felder – Kuzu, N. (2005), S. 87 f.

[122] Vgl. Calvert Foundation´s Community Investment Note Factsheet

[123] Vgl. Felder – Kuzu, N. (2005), S. 88

investiert sind. Dabei arbeiten diese mit verschiedenen MIV zusammen, welche sich über die ganze Welt verteilen. Indes liegen die Präferenzen darauf, dass diese Mikrofinanzanbieter keine kommerzielle Ausrichtung haben dürfen und die Verteilung des Kapitals in regionalen Bereichen stattfinden muss.[124] Daher ist es nicht möglich, Angaben zu treffen, welche Volumen in welchem Teil der Welt investiert werden. Es lässt sich aber sagen, dass durch die noch breitere Diversifikation in verschiedene MIV, wie beispielshalber MicroVest, Oikocredit und Alterfin C.V.B.A, ein geringeres Länderrisiko als bei den bisher vorgestellten Investitionsmöglichkeiten besteht. Die nachfolgende Karte zeigt die Hauptsitze der 36 Partner, in die das Kapital für Mikrokredite investiert wird, wobei diese Institutionen wiederum weltweit operieren.[125]

Abbildung 20: Quelle Calvert Foundation[126]

Die Rendite dieser Anlagemöglichkeit sind durch den festen Zins, den die Calvert Foundation an die Anleger auszahlt, im Vorneherein schon sicher. Für die Vergleich-barkeit mit den anderen Optionen, wird ein Investitionshorizont von acht Jahren gewählt, welcher zurzeit mit einem Zinssatz von 1,5% per anno verzinst ist.

---

[124] Vgl. Calvert Social Investment Foundation Inc. Jahresabschluss (2014) S. 6 ff.

[125] ebenda, S. 8

[126] http://map.calvertfoundation.org/#2/27.68/-12.83/nokia-day/partners?sector=microfinance

Erwartende Rendite	Varianz	Standardabweichung
1,5 %	0	0 %

Tabelle 5: Eigene Berechnung aus Calvert Social Investment Foundation Inc. Jahresabschluss 2014

Wie bei Oikocredit wird durch die feste Zinszahlung die Standardabweichung gleich null, jedoch haben wir bei Investment Notes ein höheres Chancen-Risiko-Profil, da die Anlage in US Dollar getätigt wird und die Erträge auch in dieser Währung zurückfließen. Somit können Währungsgewinne als auch -verluste entstehen.

4.4. Direktes Investment in MFI

Als direktes Investment wird verstanden, wenn man sein Kapital unmittelbar den MFI bereitstellt und dieses nicht über einen Finanzintermediär abgewickelt wird. Hierfür bestehen mehrere Alternativen.

Die jüngste Option, um eine direkte Anlage in ein MFI oder in Kleinunternehmen zu tätigen, stammt aus dem Jahr 2005. Das sogenannte „person-to-person online Mikrokreditsystem", welches erstmal durch die Homepage www.kiva.org öffentlich zugänglich wurde. Die Voraussetzungen für eine Teilnahme sind in der heutigen Zeit nicht schwer: Ein Zugang zum Internet und ein PayPal-Konto oder wahlweise die Kreditkarte genügen für das Engagement. Durch wenige Mausklicks lassen sich so Unternehmen und Personen in verschiedenen Ländern mit Krediten unterstützen. Auch Spenden lassen sich über diese Plattform abwickeln, welche auch die Möglichkeit bietet, für beide Seiten anonym zu bleiben.[127] Eine ähnliche Plattform ist MicroPlace, welche es dem Anleger ermöglicht, Anlagepapiere von MFI in verschiedenen Laufzeiten zu erwerben.

Es bestehen auch Möglichkeiten einer direkten Investition in MFI. Dabei können Aktien von börsennotierten MFI gekauft werden. Ein Beispiel hierfür ist die Bank Rakyat Indonesia (BRI) aus Indonesien. Ursprünglich wurde die Bank 1895 von den niederländischen Kolonialherren gegründet und im Jahre 1945 im Zuge der Unabhängigkeit Indonesiens verstaatlich. Seit 2003 zieht sich der Staat immer weiter aus der Leitung der Bank zurück und brachte in diesem Zug auch 30% seiner Anteile an die Börse. Dabei sind die Aktien im IDX unter der WKN:

---

[127] Vgl. Felder- Kuzu, N. (2008), S. 54 f.

A1H5MK gelistet.[128] Andere Beispiele hierfür sind die SKS Microfinance aus Indien oder die Compartamos Bank aus Mexiko.

Der Schritt an den Kapitalmarkt erlaubte es der BRI, sich zu einer der weltgrößten Mikrofinanz-Banken zu entwickeln, welche seit dem Börsengang immer eine Dividende an seine Anteilseigner ausschüttete.[129] Zu beachten ist, dass der Aktienkurs einer Volatilität unterliegt, welche zusätzliche Chancen und Risiken birgt.

Wertentwicklung [in %]

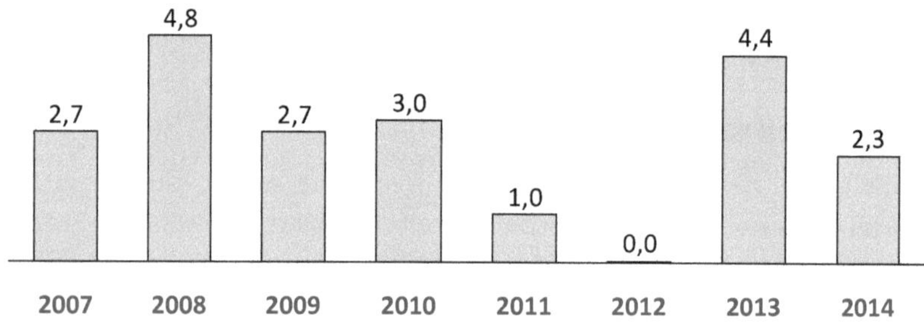

Abbildung 21: Quelle www.boerse.de und www.ib.bri.co.id

Erwartende Rendite	Varianz	Standardabweichung
2,6038 %	2,1429	1,4639 %

Tabelle 6: Berechnung aus Daten von www.ib.bri.co.id

4.5. Beurteilung des Rendite – Risiko Profils

4.5.1. Analyse des Risikoprofils

MIV unterliegen, wie jede andere Anlageklasse auch, makroökonomischen Risiken, so unter anderem Währungs-, Zins– und Länderrisiken. Zudem sind andere Risiken bei diesem Investment stärker ausgeprägt als bei anderen (z.B. Liquiditäts- und Adress-ausfallrisiken), welche auch betrachtet werden müssen.

---

[128] Vgl. Bank Raykat Indonesia

[129] Vgl. Bank Raykat Indonesia und www.boerse.de

4.5.1.1. Währungsrisiko (FX-Risiko)

Wie bei allen Investments, die in verschiedenen Währungen getätigt werden, unterliegen auch MIV dem Währungsrisiko. Dabei lässt sich das Währungsrisiko als die Schwankung der zukünftigen, unsicheren Zahlungsströme vom heutigen Wechselkurs der Fremdwährung definieren.[130]

Während ein Großteil der MIV in Euro oder US Dollar normieren, sind die Projekte, welche diese finanzieren, in den Landeswährungen und unterliegen damit großen Risiken. Fonds, welche in Euro normieren und MFI in Osteuropa mit Kapital versorgen, können dieses Risiko vernachlässigen sobald die Landeswährung auch Euro ist. Wie im vorangegangen Kapitel dargestellt wurde, sind die Investitionen der MIV zu großen Teilen in Lateinamerika und Asien platziert, wobei viele Länder dabei eigene Landeswährungen und damit eigene Währungsrisiken im Vergleich zu den stabilen Währungen Euro und US Dollar bürgen.[131] Die Nachfolgende Tabelle soll darstellen, wer in welchen Situationen der Träger des Währungsrisikos ist.

FX - Risiko Träger	Währung des MIV	Währung des Investments (Anleihe/ Aktie)	Währung des MFI Kredit
MIV	USD	Lokale Währung	Lokale Währung
	USD	EUR	EUR
	EUR	Lokale Währung	Lokale Währung
	EUR	USD	USD
MFI	USD	USD	Lokale Währung
	USD	EUR	USD
	EUR	EUR	Lokale Währung
	EUR	USD	EUR
Kein FX – Risiko	USD	USD	USD
	EUR	EUR	EUR
	Lokale Währung	Lokale Währung	Lokale Währung

Tabelle 7: Quelle: Matthäus Maier, I. (2006), S. 118

Wie die Tabelle darstellt, ist in den meisten Fällen ein FX–Risiko vorhanden. Nun stellt sich die Frage, wer dieses Risiko tragen sollte: Das MIV oder die MFI. Durch die Wettbewerbsstellung der MIV können diese das Risiko auf die Emittenten der Anleihen abwälzen, wenn diese nur Anleihen in der Fondswährung kaufen. Somit verbleibt das FX–Risiko bei den MFI, welche aber meist nicht die Möglichkeiten haben, sich gegen dieses Risiko abzusichern, da zum

---

[130] Vgl. Brosche, M. (2009), S. 2

[131] Vgl. Kapitel 4.1 bis 4.3

einen der Zugang zu Absicherungsprodukten fehlt und zum anderen auch die Absicherungssummen zu gering sind.[132]

Wenn das MIV in Anleihen lokaler Währung oder in das Eigenkapital der MFI investiert, ist der Fonds Träger des FX–Risikos. Dieser hat aber die Möglichkeit, durch Absicherungsprodukte wie Futures, Währungsoptionen oder Währungsswap sein Risiko zu verringern oder gar komplett zu eliminieren.[133] In einer Analyse der KFW-Bank und CGAP von 2004 kristallisierte sich heraus, dass von den 39 MIV, welche Angaben zu ihren Währungsgeschäften machten, nur 19 die Währungsrisiken über Finanzprodukte hedgen.[134] Dieses Ergebnis hat sich bis zum Jahr 2015 rapide verbessert, da alle untersuchten MIV, egal ob renditeorientierte oder entwicklungsorientiert, die Notwendigkeit der Absicherung gegen Währungsrisiken erkannt haben. Da durch eine starke Schwankung der Währungskurse in Entwicklungsländern große Verluste entstehen können und es dann nebensächlich ist, wer das FX–Risiko trägt.[135] Wenn das MIV die Verluste tragen muss, kann dem MFI ein großer Kapitalgeber wegfallen, was das Wachstum und den Liquiditätsbestand gefährden kann. Wenn das MFI durch die Währungsverluste nicht mehr zahlungsfähig ist, werden die Schuldverschreibungen oder Anteile wertlos und das MIV trägt dadurch das Risiko mit.

4.5.1.2. Zinsänderungsrisiko

Das Zinsänderungsrisiko ist die Gefahr, dass die realisierte Rendite nach Ablauf der Anlageperiode nicht mehr der marktüblichen Rendite zum Anlagezeitpunkt entspricht, da sich die Zinskonditionen verändert haben. Daher sind grundsätzlich alle Vermögens-gegenstände, die nicht Zahlungsmittel sind, davon betroffen.[136] Bei Mikrofinanz ergibt sich durch den Unterschied von Marktzins zum Darlehenszins das Zinsänderungsrisiko. Bei den MFI werden Kredite mit kurzer Fristigkeit und mit fixen Sollzinsen an Kunden herausgegeben, wodurch im Fall eines Anstiegs des Marktzinses während der Laufzeit der Wert des Darlehens sinkt. Bei MIV wirkt sich ein steigender Marktzins auf den Kurs der Anleihe aus: Der Nominalwert des Portfolios wird dadurch geringer, da der aktuelle Marktwert geringer ist. Um dieses Risiko auszuschließen, kaufen Fonds variabel

---

[132] Vgl. Matthäus Maier, I. (2006), S. 118

[133] Matthäus Maier, I. (2006), S. 119

[134] ebenda S. 122

[135] Vgl. siehe Kapitel 4.1

[136] Vgl. Bessler, W. (1989), S. 67 f.

verzinste Anleihen, welche sich dem Marktzins anpassen. Dadurch bleibt das Zinsänderungsrisiko bei den MFI bestehen, was gerade in den Entwicklungsländern, wo die Inflationsraten eine deutlich höhere Volatilität haben und somit die Zinssensitvität stark beeinflusst.[137] Die MFI haben dabei verschiedene Möglichkeiten, um dem Zinsänderungsrisiko entgegen zu wirken. Durch Annahmen von Spareinlagen ihrer Kunden können sie die Zinsanpassung lokal ausgleichen. Eine andere Möglichkeit besteht darin, ein aktives Zinsmanagement zu betreiben: Bei der Erwartung eines steigenden Zinsenniveaus müssen kurzfristige Kredite auf der Aktivseite vergeben werden und es wird versucht langfristige Refinanzierungen mit fixen Zahlungen zu emittieren. Dagegen sollten die MFI bei der Erwartung von einem fallenden Zinsniveau langfristige Kredite zum aktuellen Marktzins vergeben.[138] Durch das anhaltende niedrige Zinsniveau in den Industriestaaten werden die MIV wenig Interesse daran haben, feste Zinszahlungen zu kaufen. Daher wird das Zinsmanagement der MFI auch weiter eine große Bedeutung haben.

4.5.1.3. Länderrisiko

Für die Definition des Länderrisikos gibt es in der Literatur keine eindeutige Betrachtungsweise. Man kann jedoch darauf schließen, dass Länderisiken nicht mit der wirtschaftlichen Leistungsstärke der Unternehmen (im vorliegenden Fall MFI) zu tun haben. Mit diesem Begriff wird eher die Gefahr beschrieben, welche von den politischen und soziokulturellen Rahmenbedingungen eines Landes herrühren.[139]

Da die primäre Investition von MIV in Entwicklungs- und Schwellenländern stattfindet, welche als tendenziell anfälliger für politische und soziale Unruhen gelten, muss mit solchen plötzlich auftretenden Ereignissen stärker gerechnet werden.[140] Diese würden einen Einbruch der Rendite nach sich ziehen. Um eine Minimierung dieses Risikos zu erreichen, können die MIV die Möglichkeit, auf externe Rating Agenturen wie z.B. MicroRate oder eigene Research-Analysen zurückgreifen. Andere Hilfestellungen bietet unter anderem der Business Environment Risk Intelligence (BERI) Index, welcher das Länderrisiko von 140

---

[137] Vgl. Statista (2015), Inflationsraten in der Welt

[138] Vgl. Steinwand, D. (2000), S. 15 ff.

[139] Vgl. Meyer, M. (1987), S. 10

[140] Vgl. http://www.eulerhermes.de/economic-research/Pages/laenderrisiko-karte.aspx

Ländern misst. Dabei teilt er sich in drei Subindizes, welche Rückzahlungsfakto-ren, das politische Risiko und das Geschäftsklima des Landes beschreiben.[141]

Euler Hermes Risk Management ist eine weitere Möglichkeit, an Informationen über die politische und wirtschaftliche Stabilität von Ländern zu kommen. Hier wird quartalsweise eine Landkarte veröffentlich, in der sie ihre Einschätzung nach Zielländern abgeben.

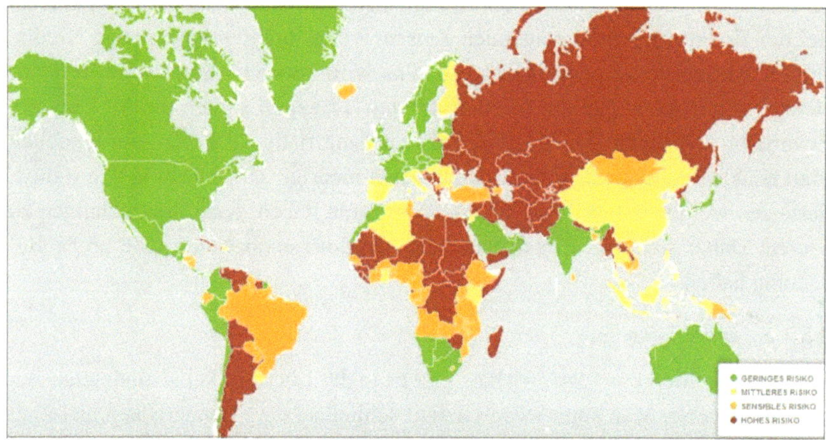

Abbildung 22: Quelle http://www.eulerhermes.de

Auffallend hierbei ist, dass die Mikrofinanzländer, die hauptsächlich in Afrika, Asien und Südamerika liegen, am risikoreichsten sind. Damit wird klar, dass die regionale Verteilung des Kapitals der MIV sehr gut gesteuert und durchdacht werden muss, um Ausfälle vermeiden zu können.

4.5.1.4. Liquiditätsrisiko

Das Liquiditätsrisiko ist als die Gefahr definiert, dass vereinbarte Zahlungsströ-me, Verbindlichkeiten sowie Forderungen nicht fristgerecht getilgt oder verein-nahmt werden.[142]

Dieses Risiko betrifft vor allem die MIV, welche feste Laufzeiten für Darlehen mit den MFI vereinbaren und diese auch einhalten müssen, da es keinen Sekun-därmarkt für diese Schuldverschreibungen gibt. Somit entsteht das Problem, dass, wenn viele Anleger auf einmal ihre Investition auflösen wollen, nicht ge-

---

[141] Vgl. Buisness Environment Risk Intelligence

[142] Vgl. Seel, G. (2013), S. 7 f.

nügend Liquidität vorhanden ist, um alle Investoren zu bedienen. Um diese Gefahr zu verringern, werden den MIV regulatorische Vorschriften von den nationalen Finanzbehörden bspw. in Form eines Prozentsatzes des Net Asset Value auferlegt, sodass immer ausreichend liquide Mittel zur Verfügung stehen. Da diese Gefahrenbegrenzung den meisten MIV aus ökonomischer Sicht nicht ausreicht, haben sie Rückgabefristen für ihre Fonds beschlossen.[143] Diese sollen dafür sorgen, dass auch in schwierigen wirtschaftlichen Situationen genügend Liquidität vorhanden ist. Ähnlich wie bei Sichteinlagen von Banken muss das Fondsmanagement ein gewisses Volumen an rückgabefähigen Anteilsscheinen veranschlagen und diese mit einem Faktor multiplizieren. Man spricht hier auch von einem sogenannten Stresstest.[144] Aber die Rückgabefrist hat nicht nur Nachteile für die Anleger: Durch die bessere Planungssicherheit hat das Management die Möglichkeit längerfristige Anleihen zu kaufen und somit bessere Ergebnisse zu erwirtschaften. Zudem kann der Liquiditätsbestand geringer gehalten werden. Durch die schwer bis gar nicht veräußerbaren Anlagen sind die MIV sehr illiquide, weshalb ein Risikoaufschlag auf die Fondperformance erhoben wird.[145]

Sollten alle diese Vorkehrungen nicht ausreichen, um den Liquiditätsbestand ausreichend zu decken, würde dem Fondsmanagement nichts anderes übrig bleiben, den Fonds temporär zu schließen, was aber verherende Folgen für das Vertrauen der Anleger hätte und weitere Einlagen von anderen Anlegern fast aussichtslos macht.[146]

4.5.1.5. Adressausfallrisikoausfallrisiko

Die Definition des Adressausfallrisikos ist die Gefahr, nicht die volle Tilgungsleistung oder gar keine Tilgungsleistung seiner Forderung vom Gläubiger zum Fälligkeitstermin zu erhalten.[147]

Dieses Risiko betrifft die MFI genauso wie die MIV. Die MFI haben für diese Ausfälle allerdings Rückstellungen über die Zinsstruktur ihrer Darlehen eingepreist. Wenn nun das Volumen der ausfallenden Forderungen die Rückstellungsquote übersteigt, kann es zu einer akuten Insolvenzgefahr für das betroffene MFI kommen. Durch eine mögliche Insolvenz des MFI würden auch dessen

---

[143] Siehe Kapitel 4.2.1. ff.

[144] Vgl. Fischer, T. (2003), S. 392 ff.

[145] Siehe Kapitel 4.2.1. ff.

[146] Vgl. Gondring, H. & Wagner, T. (2011), S. 132

[147] Vgl. Breuer, W. & Schweizer, T. (2013), S. 8

Anleihen wertlos werden, Verluste im Portfolio des MIV entstehen und somit auch die Endanleger betroffen sein.[148]

In der Finanzkrise kam es bislang allerding nicht wie in vielen anderen Branchen zu nennenswerten Einbrüchen der Performance durch Adressausfälle. Dennoch stieg auch die Quote der Kreditausfälle in dieser Zeit an - durch bisher gebildetenRückstellungen der MFI konnte die Kettenreaktion der Ausfälle von Anleihen und Krediten jedoch vermieden werden. Da dies den MIV nicht verborgen blieb, bildeten sie auch Rückstellungen, welche zu niedrigerer Performance führten und somit zu Lasten der Anleger, aber bei einer anhaltenden schlechten Wirtschaftssituation die ausfallenden Anleihen abfangen hätte können. Die unten aufgeführte Grafik von syminvest, welche Daten der größten 50 MFI enthält, zeigt deutlich, dass es in dieser Zeit zu fast einer Verdopplung der verspätenden Zahlungen kam.[149]

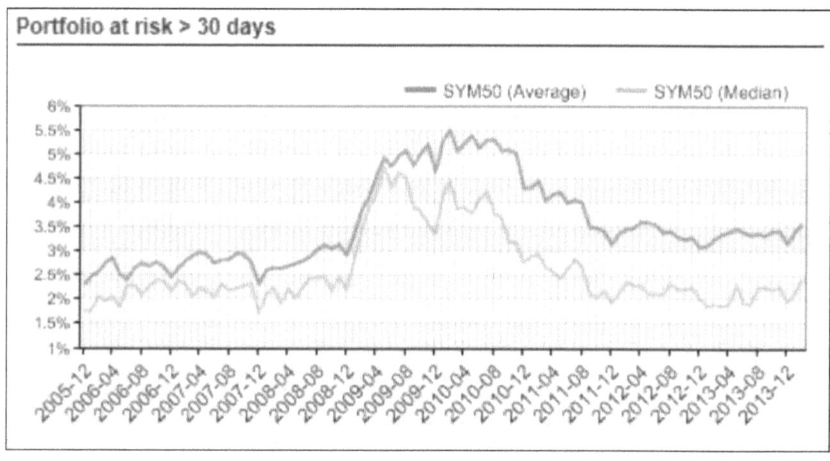

Abbildung 23: Quelle DRF - Vision Microfinance & Vision Microfinance Local Currency, (2014) S.8

Allerdings ist dieses Risiko bewältigbar: Durch professionelles Fondsmanagement und gute Research-Aktivitäten sowie größtmögliche Diversifikation lässt sich das Adressausfallrisiko minimieren.

---

[148] Vgl. Kapitel 3.3.

[149] Vgl. www.syminvest.com/research

4.5.2. Beurteilung der Rendite

Analog zu den Risiken muss auch die Rendite von den vorgestellten MIV analysiert werden. Dabei werden nicht nur die absoluten Zahlen der Vergangenheit berücksichtigt, sondern auch die entstehenden Kosten der einzelnen MIV in die Betrachtung eingeschlossen. Abschließend wird die Anlage in Mikrofinanz unter dem Aspekt der Zusammenhänge zu traditionellen Anlagen begutachtet.

Um die Renditen untereinander beurteilen zu können, wird ein Szenariomodell erstellt, bei dem es einen „Worst-, Average- und Best Case" gibt. Dabei wird die zu erwartende Rendite als „Average Case" und die berechnete Standardabweichung nach oben und unten als „Worst- bzw. Best Case" gesehen. Im zweiten Schritt werden die Kosten, die bei den Anlagen anfallen, mit berücksichtigt. Als Ergebnis des Szenariomodells zeigt sich, dass bei der Worst Case Entwicklung, die Entwicklungsfonds und Fonds mit dualem Ziel eine vergleichbare Rendite erwirtschaften wie die renditeorientierten Fonds. Wobei die Entwicklungsfonds bei Best Case Entwicklung eine eindeutig schlechtere Rendite erwirtschaften gegenüber den renditeorientierten Anlageprodukten. Das renditestärkste Anlageprodukt bei diesem Modell ist der Triodus Fair Share Fund, der eine duale Zielsetzung und bei allen Szenarien die beste Renditeerwartung hat.

MIV	Worst Case	Average Case	Best Case
Dual Return Fund – Vision Microfinance	2,3%	3,24%	4,19%
responsAbility Global Microfinance Fund	1,64%	3,53%	5,42%
Invest in Vision	1,49%	2,47%	3,45%
Triodus Fair Share Fund	4,89%	7,13%	9,37%
Oikocredit	2%	2%	2%
Calvert Foundation	1,5%	1,5%	1,5%
Bank Rakyat Indonesia	1,14%	2,6%	4,06%

Tabelle 8: Eigene Darstellung Szenariomodell[150]

Nachdem die Szenarien dargestellt wurden, werden im Folgenden die Anschaffungskosten (AK) und die laufenden Kosten (falls anfallend) berücksichtigt. Dabei wird ein Anlagehorizont von drei Jahren unterstellt. Jedes Szenario wird einmal betrachtet.

MIV	Worst Case - AK	Average Case - AK	Best Case - AK	Durschnitts-rendite p.a.
Dual Return Fund – Vision Microfinance[151]	2,3% - 3% = - 0,7%	3,24% - 0% = 3,24 %	4,19% - 0% = 4,19%	2,25%
responsAbility Global Microfinance Fund[152]	1,64% - 5% = - 3,36%	3,53% - 0% = 3,53%	5,42% - 0% = 5,42%	1,86 %
Invest in Vision[153]	1,49% - 3% = -1 ,51%	2,47% - 0% = 2,47%	3,45% - 0% = 3,45%	1,8 %
Triodus Fair Share Fund [154]	4,89% - 2% = 2,89%	7,13% - 0% = 7,13%	9,37% - 0% = 9,37%	6,46%
Oikocredit[155]	2% - 1% = 1%	2% - 1% = 1%	2% - 1% = 1%	1%
Calvert Foundation[156]	1,5% - 0% = 1,5%	1,5% - 0% = 1,5%	1,5% - 0% = 1,5%	1,5%
Bank Rakyat Indonesia[157]	1,14% - 0% = 1,14%	2,6% - 0% = 2,6%	4,06% - 0% = 4,06%	2,6%

Tabelle 9: Renditevergleich unter Berücksichtigung der Anschaffungs- und laufenden Kosten[158]

Wie die oben abgebildete Tabelle 10 zeigt, sind Investitionen in das Eigenkapital der MFI zwar durch größere Risiken, aber auch eine bessere Rendite geprägt. Nicht zu vergessen ist dabei, dass eine solche Anlage während der Laufzeit größeren Schwankungen unterliegen kann und dadurch nicht für jedes Anlegerprofil geeignet ist. Aber auch die Option durch eine Investition in Entwicklungsfonds eine konstante Rendite mit geringen bis gar keinen Schwankungen zu er-

---

[150] Vgl. Zahlen aus den Kapitel 4.1. bis 4.4.

[151] AK: Einmalig 3 % vom Anlagebetrag

[152] AK: Einmalig 5 % vom Anlagebetrag

[153] AK: Einmalig 3 % vom Anlagebetrag

[154] AK: Einmalig 2 % vom Anlagebetrag

[155] AK: Jährlicher Mitgliedsbeitrag von 20 EUR (Berechnet auf Anlagebetrag 2000 EUR ~ 1 %)

[156] AK: Keine Kosten außer Transaktionskosten

[157] AK: Keine Kosten außer Transaktionskosten & evtl. Verwahrgebühren

[158] Vgl. Zahlen aus den Kapitel 4.1. bis 4.4.

reichen, scheint bei heutigem Zinsniveau attraktiv. Dagegen sind die kommerziellen MIV durch ihren hohen Ausgabeaufschlag (AA) erst durch ein längeres Engagement lohnenswert (Anlagehorizont über drei Jahren).

4.5.2.1. Vergleich mit traditionellen Anlagen

Die übergeordnete Frage, die sich bei der Alternativanlage in MIV stellt, ist, ob diese einen risikoadäquaten Mehrwert für den Anleger hat. Andernfalls muss der Investor für das soziale Engagement und die soziale Rendite, die er bei Investitionen in ein MIV verfolgt, einen Abschlag zu traditionellen Anlageklassen an der Rendite hinnehmen. Oder bieten die MIV langfristig das gleiche oder sogar ein besseres Ertrags-/Risiko-Profil? Um dies zu überprüfen, werden die Performance der MIV[159] mit einem Aktienfonds, Immobilien-fonds, Rentenfonds und einer Spareinlage mit zwölfmonatiger Kündigungsfrist verglichen.

Anlageklasse	Worst Case -AK	Average Case - AK	Best Case - AK	Durschnittsrendite p.a.
DWS Top Dividende LD[160] [161]	- 6,8% - 5% = - 11,8%	9,8% - 0% = 9,8%	26,4% - 0% = 26,4%	8,13 %
Deka ImmobilienGlobal[162] [163]	2,12% - 5,26% = - 3,14%	3,6% - 0% = 3,6%	5,07% - 0% = 5,07%	1,85 %
Allianz Rentenfonds A (EUR) [164] [165]	0,38% - 2,5% = - 2,12%	5,12% - 0% = 5,12%	9,86% - 0% = 9,86%	4,29 %
Sparkassenbuch mit 12 Monatiger Kündigungsfrist[166] [167]	0,873% - 0% = 0,837%	1,154% - 0% = 1,154%	1,435% - 0% = 1,435%	1,15 %

Tabelle 10: Eigene Darstellung traditionelle Anlageklassen

Bei der Betrachtung der Rendite im Vergleich zu traditionellen Anlageklassen zeigt sich, dass diese durch die Ausgabeaufschläge nur für Investoren geeignet sind, welche einen längeren Anlagehorizont verfolgen, da die Erträge der MIV nur in Einzelfällen überdurchschnittliche Renditen liefern und dadurch nur ge-

---

[159] Auswahl nach der Dominanzregel und Durchschnittsrendite

[160] Vgl. Wesentliche Anlegerinformation DWS Top Dividende LD (2015)

[161] AK: Einmalig 5 % aus Anlagebetrag

[162] Vgl. Wesentliche Anlegerinformationen Deka ImmobilienGlobal (2015)

[163] AK: Einmalig 5,26 % aus Anlagebetrag

[164] Vgl. Wesentliche Anlegerinformationen Allianz Rentenfonds Anteilsklasse A (Eur) (2015)

[165] AK: Einmalig 2,5 % aus Anlagebetrag

[166] Vgl. Zinsentwicklung Sparkassenbuch mit 12 Monatlicher Kündigungsfrist (2015)

[167] AK: keine weiteren Kosten

ring über der Ertragskraft von Immobilienfonds und Spareinlagen liegen. Die Fälle, in denen die MIV in Eigenkapital der MFI investieren, schütten dagegen höheren erwartende Renditen aus, welche aber vergleichbar sind mit Aktienfonds, welche auch in das Eigenkapital von Unternehmen investieren. Daher kann eine Investition rein aus Renditegesichtspunkten nicht als Argument dafür gesehen werden.

Neben der Betrachtung der Rendite spielt auch die Korrelation zu den anderen Anlageklassen eine wesentliche Rolle, da eine geringe oder gar nicht vorhandene Korrelation zu den anderen Produkten einen positiven Effekt auf die Diversifikation des Anlegerportfolios haben kann. Um diesen Aspekt zu beleuchten, wird ein Basket aus MIV gebildet, dabei ist der größte und älteste der SMX Index. Dieser beinhaltet die sieben größten Publikumsfonds, welche in MFI investieren.[168] Stellt man nun die Performancecharts vom SMX Index mit dem vom DWS Dividende LS und dem Allianz Rentenfonds gegenüber, ist ersichtlich, dass letztere eine größere Volatilität besitzen. Besonders in den Jahren 2008/09, durch die Folgen der Lehmann Brother Krise und die darauf folgenden Kapitalmarktturbulenzen. Diese hatten auch Auswirkungen auf die Rentenpapiere, da es zu Misstrauen zwischen den Finanzdienstleistern kam. Dadurch fielen auch die Kurse der Rentenpapiere, da niemand wusste, ob die Schuldpapiere überhaupt noch einen Wert hatten. Es zeigt sich, dass sich auch der Index für MIV seit 2003 besser entwickelt hat als eine Anlage in 12 Monats Termingelder.

---

[168] Vgl. www.syminvest.com

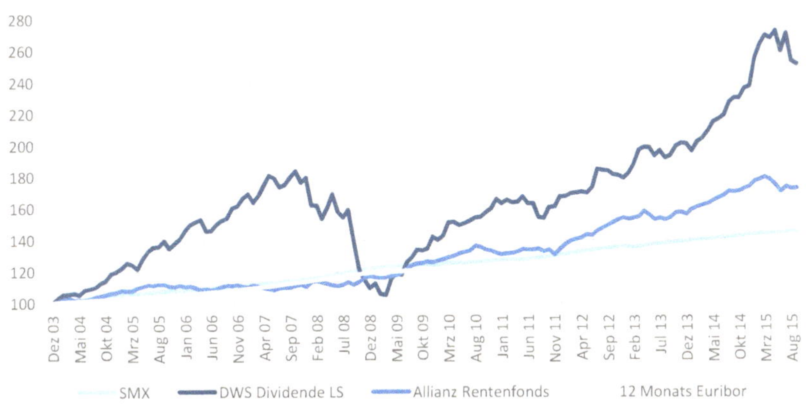

Abbildung 24: Eigene Darstellung Quelle WAI von SMX, DWS Dividende LS, Allianz Rentenfonds und www.global-rates.com

Wenn man nun die Korrelationsfaktoren des SMX mit dernen der anderen Anlageklassen berechnet, erkennt man, dass gewisse Wechselwirkungen unter den Anlageklassen vorhanden sind. Dabei ist aber zu beachten, dass wir hier Anlageprodukte, Aktienfonds und Rentenfonds betrachten, die eine gewisse Diversifikation besitzen, welche vom Fondsmanager bewusst gewählt wurde. Somit sind die Korrelationsfaktoren höher als beim bloßen Vergleichen mit reinen Indizes. Wobei dieser Vergleich auch nicht so aussagekräftig wäre, da die MIV im SMX Index bereits eine regionale und bonitätsabhängige Diversifikation vorgenommen haben.

SMX Index Korrelationsfaktoren

DWS Top Dividende LD 0,79

Allianz Rentenfonds A (EUR) 0,95

12 Monats Euribor 0,97

Tabelle 11: Quelle: Eigene Berechnung

Damit kann unterstellt werden, dass MIV, aufgrund des abgelösten Geschäftsmodells zum restlichen Kapitalmarkt eine eigene Anlageklasse sind. Dabei muss aber noch einmal erwähnt werden, dass die historische Volatilität nur einen geringen Aufschluss für zukünftige Entwicklungen und Verhaltensweisen bei eventuell noch kommenden Wirtschaftskrisen gibt. Rückwirkend ist aber zu sagen, dass sich aus historischen Zahlen heraus Anlagen in MIV in schwierigen und turbulenten Zeiten als schwankungsarme und damit rentable Anlagemöglichkeit herauskristallisiert haben.[169]

4.6 Analyse des Investments nach ethischen und nachhaltigen Gesichtspunkten

Bei der Beurteilung der Nachhaltigkeit und der Ethik der Anlage wird kein Unterschied zwischen einem direkten Investment oder einer Anlage in ein MIV gemacht, da der Unterschied sich nur in der Diversifikation des Anlageprodukts widerspiegelt. Bei einem Direktinvestment muss der Anleger selbst Informationen über das Handeln und die Philosophie der Unternehmung sammeln; beim MIV dagegen macht dies für ihn ein Fondsmanager. Da private Investoren zum großen Teil Probleme haben werden, an die Informationen zur Nachhaltigkeit zu gelangen und diese dann auch noch seriös zu werten, müssen sie auf Hilfe dritter zurückgreifen. Selbst wenn ein privater Investor sich dieser sehr zeitaufwendigen Aufgabe stellt und alternative Informationen sammelt, ist dies nicht das Ende der Nachforschung, weil sich im Verlauf der Prüfung, ob das Unternehmen nachhaltig und ethisch wirtschaftet, die Frage stellt, ob dies auch Unternehmen sind, mit welchen eine Zusammenarbeit gewünscht ist?[170] Hilfe hierfür bieten dennoch Nachhaltigkeitsindizes, ein Beispiel dafür wäre der Dow Jones Sustainability Index (DJSI), welcher jährlich eine Nachhaltigkeitseinstufung von Unternehmen in verschiedenen Sektoren vornimmt. Hierbei unterteilt der Index die Unternehmen in Bronze, Silber und Gold, womit sich leicht ablesen lässt, ob die Unternehmen, welche in den MIV enthalten sind, tatsächlich nachhaltig sind. Das größte europäische Research Unternehmen, welches deutlich mehr Informationen und Branchen berücksichtigt, als DJSI, ist oekom research AG.[171]

Aber nicht nur das nachhaltige Wirtschaften von Unternehmen sollte in die Analyse einfließen. Wie in den vorangegangen Kapiteln dargelegt wurde, ist das Volumen an Kapital in den letzten Jahren drastisch gestiegen. Nun stellt sich die Frage – Hat sich die Ausgangslage für die Bevölkerung wirklich verbessert? Dabei werden verschiedene Einflussfaktoren beleuchtet, wie beispielsweise die politische Situation der Länder, die wirtschaftliche, gesellschaftliche und soziale

---

[169] Vgl. Abbildung 24.

[170] Vgl. Dohmen, C. (2011), S. 59f.

[171] Vgl. www.oekom-research.com

Situation einiger Länder, in denen Mikrofinanzkredite laut Werbung der MIV zu Verbesserung des Volkswohlstandes führen.[172]

Um dies konkret dazustellen, werden je zwei Länder aus dem asiatischen, afrikanischen und südamerikanischen Raum verglichen. Für den asiatischen Raum wurden dabei Kambodscha und die Philippinen ausgewählt, für Afrika die Elfenbeinküste und Tansania und für Südamerika Peru und Guatemala. Untersucht werden dabei die Entwicklung des realen Bruttoinlandprodukt (BIP), der Arbeitslosigkeit, des Human Development Index, Krankenverpflegung und die Quote der Kinder, welche die Schule des Landes besuchen. Dabei dient das reale BIP, um die Leistungsfähigkeit und die entstehende Wertschöpfung des Landes zu ermitteln und das Wachstum der Wirtschaft wieder zu spiegeln. Um das BIP in den einzelnen Staaten vergleichen zu können, wird das reale BIP herangezogen, da dieses konstante Preise, ohne Beeinflussung von Deflation oder Inflation zu Berechnung nutzt.[173] Ein weiterer wichtiger Gesichtspunkt ist die Arbeitslosenquote, denn eine starke Volkswirtschaft geht nur einher mit einer Vielzahl an Beschäftigten.[174] Da aber die Wohlfahrt eines Landes nicht nur von wirtschaftlichen Daten abhängt, sondern auch gesellschaftliche und soziale Aspekte berücksichtigen sollte, werden auch die prozentuale Veränderung der Jugendlichen und Kindern untersucht, welche zur Schule gehen können sowie die Gesundheitsbedingungen anhand der Säuglings-sterberate. Als letztes Vergleichskriterium wird der Human Development Index angeführt, welcher eine Messzahl aus drei Komponenten ist: der Lebenserwartung, der Ausbildung und der Kaufkraft des Landes. Dabei ist die Messzahl 1 das Optimum und die Zahl 0 das schlechteste Ergebnis. Die Länder werden in 4 Kategorien eingeteilt:

1. sehr hohe menschliche Entwicklung (HDI von 1 bis 0,8)

2. hohe menschliche Entwicklung (HDI von 0,79 bis 0,7)

3. mittlere menschliche Entwicklung (HDI von 0,69 bis 0,55)

4: geringe menschliche Entwicklung (HDI von 0,54 bis 0)[175]

Die Elfenbeinküste ist ein Land in Westafrika, das seit den Politischen Unruhen Anfang des 21. Jahrhunderts wieder im Aufbau ist.[176] Auch hier nehmen Mikro-

---

[172] Vgl. Glatzer, W. (1997), S. 101

[173] Vgl. BWL Wissen (2015)

[174] Vgl. Börsennews (2008)

[175] Vgl. Bundeszentrale für politische Bildung (2008)

kredite ihren Platz ein und unterstützen die Bevölkerung mit Zugang zu Kapital. Wobei stark auffällt, dass die Kapitalversorgung der MFI zu großen Teilen von Entwicklungsfonds stammt, da die politische Lage für einige kommerzielle MIV noch zu risikobehaftet scheint.[177] Im Gegensatz dazu steht das ostafrikanische Land Tansania, welches Mittel aus kommerziellen MIV erhält z.B. dem DRF. Dabei zeigt sich in der nachfolgenden Tabelle 12, dass die Entwicklungen der beiden Staaten trotz der unterschiedlichen Finanzierung der MFI, eine sehr ähnliche Entwicklung in allen untersuchten Kenngrößen haben. Gewisse Unterschiede sind durch die wirtschaftliche Struktur bedingt. Die Wirtschaft der Elfenbeinküste beruht stark auf Export von Kaffee, Tee, Kakao und Gewürzen, wohingegen Tansanias Exporte sehr auf Erdmineralien wie Gold und Erze beruhen. Die Wirtschaft wächst in beiden Entwicklungsländern um 7 % per anno, was einen Aufschwung der Entwicklung des Landes antizipiert, ein Gegenläufigereffekt zeigt sich dabei in der Arbeitslosenquote, welche stagniert oder sogar gestiegen ist. Was einem Mehrwert von Mikrokrediten für die Existenzgründung widerspricht. Im Bereich der Infrastruktur dagegen zeigt sich, dass im Bereich gesundheitlicher Versorgung und Schulbildung Verbesserungen vorliegen. Trotz dieser Verbesserungen zählen beide Staaten zu den menschlich gering entwickelten Teil der Weltbevölkerung.

Kennzahl	Tansania		Elfenbeinküste	
Jahr	2005	2014	2005	2014
Veränderung reales BIP[178]	4,9 %	7 %	1,7 %	7,9 %
Arbeitslosenquote	2,5 %	3,5 %	4,1 %	4 %
Schulkinder	90,5 %	83,5 %	58,3 %	76,8 %
Säuglingssterberate	5,87 %	3,76 %	8,89 %	7,06 %
Human Development Index	0,376	0,488	0,407	0,452

Tabelle 12: Eigene Darstellung, Daten aus Länderprofil Tansania & Elfenbeinküste[179]

Auch die Prognosen der Weltbank für das Wachstum des realen BIP für die Jahre 2016 liegen bei beiden afrikanischen Ländern zwischen 7,1 % und 7,7 %, was ein konstant gleichbleibendes Wachstum verspricht.[180] Da aber wie im Kapitel 4. dargestellt wird, der afrikanische Kontinent eher mit vergleichsweise weniger

---

[176] Vgl. Wirtschaftskammer Österreich (2015), Länderprofil Elfenbeinküste

[177] Vgl. DRF Halbjahresbericht (2015), S. 10 & www.oikocredit.de/fakten-und-zahlen

[178] Veränderung des realen BIP zum Vorjahr

[179] Wirtschaftskammer Österreich (2015), Länderprofil Tansania und Elfenbeinküste

[180] ebenda S. 7

Kapital versorgt wird, stellt sich die Frage, ob es durch den Einsatz von mehr Kapital in den Regionen Südamerikas stärkere Entwicklungszahlen gibt. Dafür wird der bevölkerungsreichste Staat auf der Halbinsel Yukatan, Guatemala und das zu großen Teile in den Anden liegende Peru untersucht.[181] Beide Länder sind sehr beliebt bei den MIV; sowohl kommerzielle als auch Entwicklungsfonds investieren hier in Projekte und MFI. Da beide Länder seit langem demokratische politische Systeme eingeführt und dadurch ein stabiles Grundgerüst für die Wirtschaft haben. Die Wertschöpfungskette der Wirtschaft ist im Großen und Ganzen von dem Produktionsgewerbe und dem Dienstleistungssektor abhängt. Ausgehend von den untersuchten Faktoren zeigt sich, dass die Wirtschaftsentwicklung im Vergleich zu den afrikanischen Staaten schwächer steigt, was aber durch höhere Basen erklärt werden kann. Denn auch durch die sinkenden Arbeitslosenzahlen sowie Verbesserungen des Gesundheitssystems und der Schulbildung lassen sich sehr positive Entwicklungen feststellen. Peru ist laut dem Human Development Index ein Land mit hoher menschlicher Entwicklung, aber auch Guatemala steht kurz vor dem Sprung in diese Kategorie.

Kennzahl	Peru		Guatemala	
Jahr	2005	2014	2005	2014
Veränderung reales BIP[182]	6,3 %	2,4 %	3,3 %	4,2 %
Arbeitslosenquote	5,2 %	3,9 %	2,5 %	2,8 %
Schulkinder	96,9 %	91,8 %	58,3 %	76,8 %
Säuglingssterberate	2,13 %	1,42 %	3,35 %	2,59 %
Human Development Index	0,694	0,737	0,576	0,628

Tabelle 13: Eigene Darstellung, Daten aus Länderprofil Peru & Guatemala[183]

Die meisten Kapital Zuflüsse haben wie in dem voran gegangen Kapitel gezeigt, die asiatische Staaten gehabt. Als Vergleichsobjekte werden hierfür der fünftgrößte Inselstaat, die Philippinen, und das auf dem Festland liegende Kambodscha untersucht. Wobei sich das kambodschanische Wirtschaftswachstum in den letzten 10 Jahren verringert hat, da dieses sehr von der Bekleidungsindustrie und der Landwirtschaft abhängig ist und die schlechten Arbeitsbedingungen für soziale Anspannungen sorgten. Hingegen hat sich das Wirtschaftswachstum in den Philippinen gesteigert, was zu großen Teilen an der Elektroindustrie liegt, welche die Topexportprodukte des Landes sind. Wenn die reinen Wirtschaftszahlen betrachtet werden, sieht man in beiden Ländern ein starkes Wachstum in den

---

[181] Wirtschaftskammer Österreich (2015), Länderprofil Peru und Guatemala

[182] Veränderung des realen BIP zum Vorjahr

[183] Wirtschaftskammer Österreich (2015), Länderprofil Peru und Guatemala

letzten Jahren, auch die Schulbildung in den Ländern liegt sehr hoch. Dennoch sieht der Human Development Index noch großes Potenzial der Entwicklung und ordnet beide Länder in die Mittlere menschliche Entwicklung ein.

Kennzahl	Kambodscha		Philippinen	
Jahr	2005	2014	2005	2014
Veränderung reales BIP[184]	13,3 %	7 %	4,8 %	6,1 %
Arbeitslosenquote	2,5 %	0,3 %	7,7 %	7,1 %
Schulkinder	92 %	98,4 %	93,9 %	93,7 %
Säuglingssterberate	5,33 %	2,83 %	2,74 %	2,33 %
Human Development Index	0,536	0,584	0,638	0,660

Tabelle 14: Eigene Darstellung, Daten aus Länderprofil Kambodscha & den Philippinen[185]

Wenn wir nun die vorhandenen Daten in Relation zu den Mittelzuflüssen, die in den letzten Jahren den MIV zugeflossen sind, setzen, kommt man zu einem ernüchternden Ergebnis. Wie dargestellt hat sich der Wohlstand in fast allen begutachteten Ländern drastisch verbessert, vor allem im Bildungs- und Gesundheitsbereich. Auch der Konsum und die Wirtschaft der Länder haben deutlich an Schwung aufgenommen. Wenn man aber vergleicht, dass das investierte Volumen von 1,7 Mrd. US Dollar in 2004 auf über 30 Mrd. US Dollar in 2013 gestiegen ist.[186] Sind Wachstumsraten in der Bandbreite von 2 bis 7 % viel zu wenig für die aufgewandten Mittel. Aber die ethische und nachhaltige Wirkung von Mikrokredite kann deshalb nicht abgesprochen werden, eher die bisherige Ineffizienz der Verwendung der Mittel.

---

[184] Veränderung des realen BIP zum Vorjahr

[185] Wirtschaftskammer Österreich (2015), Länderprofil Philippinen und Kambodscha

[186] Vgl. Abbildung 5.

5. Fazit

5.1. Zusammenfassung

Es gibt viele verschiedene Optionen und unterschiedlichste Ambitionen, um in den Bereich der Mikrofinanzen zu investieren. Nicht jedes MIV lässt sich dabei als nachhaltig und ethisch deklarieren, obwohl es teilweise propagiert wird. Für Investoren und Anleger ist es so zugleich noch wichtiger, sich im Vornherein klare Vorstellungen zu machen und Ziele zu setzen, wo ihre Schwerpunkte hinsichtlich der sozialen oder kommerziellen Ausrichtung liegen. Anleger sollten sich natürlich auch im Klaren sein, wie liquide ihr Geld angelegt ist. Hierbei muss das magische Viereck, welches in Kapitel 2.2. erläutert wurde, auf jeden Fall in die Anlageentscheidung einfließen. Die Risiken, die sich historisch bisher ergaben, stehen auf dem Niveau von Geldmarkt- und Immobilienfonds, welches durch eine stetige positive Performance mit geringer Volatilität charakterisiert wird.

Auf volkswirtschaftlicher Basis gibt es noch keine verlässlichen empirischen Studien, welche die Aussagen von Mikrofinanzbefürworten untermauern, dass Mikrokredite die Armut reduzieren. Die Probleme sind dabei bei der Definition und Messbarkeit dieser Kriterien, so mal es, wie in der Arbeit dargestellt, erhebliche Unterschiede bei der Entwicklung der einzelnen Länder gibt, zumal Mikrokredite erst vor wenigen Jahren in das breite Licht der Öffentlichkeit traten und somit Langzeitstudien noch nicht vorhanden sind.

Ein weiterer Aspekt ist dabei die Betrachtung der einzelnen MFI, welche sehr hohe Mittelzuflüsse haben. Hierbei ist die oberste Prämisse, dass den MFI nicht zu viel Druck von außen aufgebürgt wird, Mikrokredite an Kunden zu vergeben, die unter normalen Umständen nicht zum Abschluss gekommen wären. Ein zu hoher Konkurrenzdruck und ein zu großes Volumen an liquiden Mitteln kann zu einem gewissen Kostendruck führen, welcher zur Verwaisung der Kundenbeziehung führen kann. Dabei ist diese unabdingbar, um weiterhin vertretbar ethisch und nachhaltig wirtschaften zu können. Die Mikrofinanzkreditnehmer dürfen nicht die Leittragenden sein, da nicht zu vergessen ist, dass diese in der Regel keine kaufmännische Ausbildung besitzen und somit die Tragweite eines Mikrokredites nicht einschätzen können. Diese Betreuung muss daher ausgebaut werden, sodass moralisch verwerfliche Gedanken, wie im schlimmsten Fall Selbstmordgedanken nicht als Ausweg für überschuldete MIF-Kunden in Betracht kommen.

Insgesamt lässt sich sagen, dass Mikrofinanz einen Teil zur nachhaltigen Entwicklung in Entwicklungsländern beiträgt aber durch die große Verschachtelungen der einzelnen MIV viele Kosten entstehen und somit der wirkliche Effekt, den das eingesetzte Kapital haben könnte, sehr hemmt. Es ist natürlich auch verständlich, dass ein Investment in ein MIV nicht innerhalb von Tagen die Armut der Welt beendet. Trotzdem können Anleger sich mit einem Entwicklungsfond, welcher wie dargestellt auch eine Performance auf dem Geldmarktniveau verspricht, Gutes tun und benachteiligten Menschen helfen.

5.2. Ausblick

In vielen Bereichen des Lebens lassen sich Bewusstseinswandlungen sehen: stärker als je zuvor werden Konsum- und Investitionsentscheidungen unter Berücksichtigung der Auswirkungen auf die Umwelt und die Gesellschaft gefällt. Dadurch wird es mittelfristig bei einem weiteren Wachstum des Marktes bleiben. Somit kommt es zu einer besseren Verfügbarkeit von Informationen über die MIV und MFI. Außerdem lassen sich aus künftigen Erfahrungswerten genauere Aufschlüsse über die Wirkungsweise von Mikrofinanz im Zusammenhang mit der Armutsbekämpfung ableiten. Zudem erhöhen Erfahrungen die Chancen darauf, die Abläufe und Produkte effizienter zu gestalten, was zu einer Renditesteigerung führen würde und somit für ein größeres Publikum attraktiv wäre.

Noch wichtiger für das Gesamtkonstrukt Mikrofinanz wäre ein Aufbau von einem Sekundärmarkt für die Schuldverschreibungen. Dadurch könnten MFI Papiere kostengünstiger und schneller gehandelt werden. Dies würde einigen kommerziellen Fonds die Möglichkeit eröffnen, ihr Portfolio noch breiter zu diversifizieren mit z.B. Eigenkapitalbeteiligungen oder CDOs.

Ein weiterer nicht zu vernachlässigender Punkt ist der rechtliche Rahmen des Investmentgesetzes. Im aktuellen Umfeld sind die MIV unter „sonstige Investmentfonds" gelistet. Eine weitere Lockerung der Regularien wäre nützlich, um noch mehr Publikumsfonds zu schaffen und somit ein größeres Wachstum anzutreiben. Luxemburg ist hierbei ein Vorreiter in der EU. Deshalb ist es nicht verwunderlich, dass die meisten MIV dort aufgelegt wurden. Um in Deutschland aber eine Lockerung der Regularien zu schaffen, muss eine standardisierte und einheitliche Definition erarbeitet werden. Zudem sollte eine angemessene Transparenz der Produkte und MFI gewährleistet sein, um die Investitionsbereitschaft weiter zu stärken.

Wenn all diese Aspekte berücksichtigt und umgesetzt werden, könnte Mikrofinanz zu einem sehr großen Markt des kommenden Jahrhunderts werden, da es noch sehr viel Armut auf der Welt gibt. Zudem kann die Kombination aus angemessener Rendite und sozialer und Entwicklungshilfe der Finanzbranche zu einem besseren Image verhelfen.

6. Literaturverzeichnis

Allianz Rentenfond Anteilsklasse A –EUR Wesentliche Anlegerinformationen (2015): https://www.allianzglobalinvestors.de/web/download?docid=1291603&alias=GesVerkUnterl12847140.pdf, Abruf am 28.10.2015

Annan, K. (2004): Mikrofinanzierung kann den Armutskreislauf durchbrechen http://www.unric.org/de/pressemitteilungen/1813; Abruf am 10.11.2015

Armbruster, C. (2000): Entwicklung ökologieorientierter Fonds: eine Untersuchung im deutschsprachigen Raum und in Großbritannien, Lohmar, Eul-Verlag 2000

Bank Rakyat Indonesia (2015), www.ir-bri.com Abruf am 01.09.2015

Bessler, W. (1989): Zinsrisikomanagement in Kreditinstituten, Wiesbaden 1989

Blue Orchard (2014): Concept and Impact of Microfinance, Stuttgart 2014

Boerse.de (2015): Bank Rakyat Indonesia Tbk Aktie, http//www.boerse.de/dividenden/Bank-Rakyat.Indonesia-Tbk-Aktie/ID1000118201, Abruf am 01.09.2015

Boersennews.de (2008): http://www.boersennews.de/lexikon/begriff/arbeitslosenquote/145, Abruf am 20.11.2015

Breuer, W. und Schweizer, T. (2013): Lexikon Corporate Finance, Gabler 2013

Brinkmann, V. (2010): Sozialwirtschaft: Grundlagen - Modelle – Finanzierung, Gabler Verlag Wiesbaden 2010

Brosche, M. (2009): Risikomanagement an Kapitalmärkten, Grin Verlag München 2009

Buiness Environment Risk Intelligence (2015): About us http://www.beri.com/About-BERI.aspx, Abruf am 23.10.2015

Bundesministerium für wirtschaftliche Zusammenarbeit (2015): Zwischen 1990 und 2015 den Anteil an der Menschen halbier, deren Einkommen weniger als einen US-Dollar pro Tag beträgt, https://bmz.de/de/was_wir_machen/ziele/ziele/MDGs_2015/fortschritte/mdg1/index.html, Abruf am 14.07.2015

Bundesverband für Alternative Investment e.V. (BAI) (2003): http://www.fund-academy.com/fa_admin/publikation/anhang/BAI-Broschuere_Alternative_Investments.pdf, Abruf am 27.11.2015

Bundeszentrale für politische Bildung (2008): http://www.bpb.de/internationales/weltweit/megastaedte/64733/hdi, Abruf am 24.11.15

BWL-wissen.net (2015): http://www.bwl-wissen.net/definition/reales-bruttoinlandsprodukt-bip, Abruf am 20.11.2015

Calvert Foundation´s Community Note Factsheet (2014): http://www.calvertfoundation.org/storage/documents/CI-Note-Fact-Sheet.pdf, Abruf am 30.10.2015

Calvert Social Investment Foundation Inc. (2014): Social Report 2014 http://www.calvertfoundation.org/storage/documents/cfoundation-social-impact-report-2015.pdf Abruf am 30.10.2015

http://www.calvertfoundation.org/about: Abruf am 30.08.2015

CGAP Funding Surveys (2013): http://www.cgap.org/data/infographic-international-financial-inclusion-funding-2014, Abruf am 21.07.2015

Diefenbacher, H. et al. (1997): Nachhaltige Wirtschaftsentwicklung im regionalen Bereich. Ein System von ökologischen, ökonomischen und sozialen Indikatoren. Texte und Materialien, Reihe 1, Heft Nr. 42 der Forschungsstätte der evangelischen Studiengemeinschaft (FEST) Heidelberg: FEST, September 1997

Deka ImmobilienGlobal Wesentliche Anlegerinformationen (2015): https://www.deka.de/mms/KID_DE0007483612.pdf, Abruf am 30.10.2015

Deutsche Bank Research (2008): Mikrofinanz-Investments – Eine sozial verantwortliche Anlage mit großem Potenzial, Frankfurt 2008

Deutsche Bischofskonferenz (2010): Mit Geldgeldanlage die Welt verändern? Eine Orientierungshilfe zum ethikbezogenen Investment, Bonn 2010

Dreher, M. (2006): Kleines Geld große Wirkung, www.spiegel.de/wirtschaft/mikrokredite-kleines-geld-grosse-wirkung-a-428291.html, Abruf: am 09.08.2015

Dohmen, C. (2011): Good Bank: Das Modell der GLS Bank, orange-press, Freiburg

Dual Return Fund – Vision Microfinance Verkaufsprospekt (2014):
https://axxion.acarda.de/website/DR_VM_A_EUR_LU0563441798/Dual%
20Return%20Fund_VKP_0714.pdf, Abruf am 10.08.2015

Dual Return Fund – Vision Microfinance Wesentliche Anlegerinformatinen
(2015):
https://axxion.acarda.de/website/DR_VM_A_EUR_LU0563441798/KIID_
DR_VM_A_EUR_LU0563441798_20150224.pdf, Abruf am 30.10.2015

Dual Return Fund – Vision Microfinance Halbjahresbericht 2015:
https://axxion.acarda.de/website/DR_VM_A_EUR_LU0563441798/DualR
eturn_HJB_300615.pdf, Abruf am 30.10.2105

Dual Return Fund – Vision Microfinance Jahresbericht 2014:
https://axxion.acarda.de/website/DR_VM_A_EUR_LU0563441798/DUAL
%20RETURN%20FUND_JB_311214_DE.pdf am Abruf: 30.10.2015

Dual Return Fund – Vision Microfinance Jahresbericht 2008:
https://axxion.acarda.de/website/DR_VM_A_EUR_LU0563441798/Archiv
/2008/JB/AR%2031.12.2008%20Dual%20Return%20Fund.pdf, Abruf am
30.10.2015

DWS Top Dividende LD Wesentliche Anlegerinformationen (2015):
https://www.dws.de/assetdownload.ashx?assetGuid=9d152316-1a03-49bc-
b394-4ad108126d70&publishLocationGuid=2057b648-955b-42d4-8dd6-
80d84e3261fd, Abruf am 28.10.2015

Eulerhermes GmbH (2015): http://www.eulerhermes.de/economic-
research/Pages/laenderrisiko-karte.aspx, Abruf am 30.10.2015

EZB Leitzinsverlauf von finanzen.net (2015): http://www.finanzen.net/leitzins/,
Abruf am 15.08.2015

Felder-Kuzu, N. (2005): Making Sense; Mikrofinanz und Mikrofinanzinvestiti-
onen, Murmann Verlag GmbH, Hamburg, 2005

Felder-Kuzu, N. (2008): Kleiner Einsatz, große Wirkung: Mikrofinanzierung
und Mikrofranchising - Modelle gegen die Armut, Rüffer & Rub, 2008

Fischer, T. (2003): Asset Liability Management bei Banken, in Leser, H.; Ru-
dolf M. (Hrsg.): Handbuch institutionelles Asset Management, Wiesbaden
2003

Foltin, O. (2014): Methoden der Bewertung und Messung der Nachhaltigkeit von ethischen, sozialen und ökologischen Kapitalanlagen: Am Beispiel des Anlageverhaltens der Kirchen in Deutschland

Glatzer, W. (1997): Langfristige gesellschaftliche Entwicklungstendenzen. Eine Aufgabe für die historische Sozialberichterstattung". In: H.-H. Noll (Hg.): Sozialberichterstattung in Deutschland. Weinheim/München

Grill,W . und Perczynski,H . (2005): Wirtschaftslehre des Kreditwesens. Bildungsverlag Eins, Troisdorf

Grober, U. (2013): Nachhaltigkeit: Ein Wort geht um die Welt, http://www.zeit.de/2013/17/begriff-nachhaltigkeit-interview-ulrich-grober, Abruf am 08.10.15

Gondring, H. und Wagner, T. (2011): Real Estate Asset Management – handbuch für Praxis, Aus- und Weiterbildung, Hamburg, Verlag Franz Vahlen GmbH

Goodmann, P. (2007): Microfinance Investment Funds: Objectives, Players, Potential, in: Matthäus- Maier, I.; Von Pischke, J.D. (Hrsg.): Microfinance Investment Funds: Leveraging Private Capital for Economic Growth and Poverty Reduction, New York 2007

Hennig - Thurau, T./ Hansen, U./ Bornemann, D. (2001): Zur Akzeptanz sozialökologischer Geldanlagen bei privaten Investoren. In: Zeitschrift für angewandte Umweltforschung,14 (1-4), S. 198-216

Horx, M. (2015), Präsentation Megatrends vom in Böblingen 2015

Invest in Vision (2014): Irrtümer und Mythe über Mikrofinanz, http://www.investinvisions.com/archiv/irrtuemer-und-mythen-ueber-mikrofinanz, Abruf am 30.08.2015

Invest in Vision Wesentlichen Anlegerinformationen (2015): http://www.monega.de/images/pdfs/KIID/kiid_de000a1h44s3.pdf, Abruf am 30.10.2015

Invest in Vision Jahresabschluss 2014 (2015): http://www.monega.de/images/pdfs/Jahresberichte/jb_de000a1h44s3.pdf, Abruf am 30.10.2015

Invest in Vision Monatsbericht Oktober 2015 (2015) : http://www.investinvisions.com/wp-content/uploads/2015/11/Monatsbericht-Oktober-2015.pdf , Abruf am 09.11.2015

Invest in Vision (2015), www.investinvision.com/invest-in-vision-microfinance-fonds, Abruf am 25.08.2105

Kammer, S. (2007), Kleine Betriebe nutzen Globalisierung für sich, http://www.handelsblatt.com/unternehmen/mittelstand/neue-absatzmaerkte-kleine-betriebe-nutzen-globalisierung-fuer-sich/2893214.html, Abruf am 09.08.2015

Klas, G. (2011): Die Mikrofinanz-Industrie: die große Illusion oder das Geschäft mit der Armut, Assoziation A, 2011

Klas, G. (2014): Rendite machen und Gutes tun? Mikrokredite und die Folgen neoliberaler Entwicklungspolitik, Campus Verlag, Frankfurt, 2014

Kleinfeld, A. und Kettler, A. (2011): Handbuch der Wirtschaftsethik (M.S. Aßländer, Hrsg) J.B. Metzler, Stuttgart, Weimar

Kursphacic, L. (2012): Mikrokredite im Rahmen der Oikocredit-Initiative, Wien 2012

Länderdaten (2014): www.laenderdaten.info/durchschnittseinkommen.php, Abruf am 25.11.2015

Lohmann, N. (2009): Mikrofinanz in Entwicklungsländern - Hilfe für die Armen?: eine normative Betrachtung, München, 2009

Mathäus-Maier, I. und Pischke, J. D. (2006), Microfinance Investment Funds: Leveraging Private Capital for Economic Growth and Poverty Reduction, Springer Verlag Heidelberg (2006)

Meyer, M. (1987), Die Beurteilung von Länderrisiken der internationalen Unternehmen, Berlin 1987

Mix Market (2015): MFI Market Profil, www.mixmarket.org/mfi/region/, Abruf am 12.08.2015

Nobelpreiskomitee (2006): www.nobelprize.org/nobel_prizes/peace/laureates/2006/, Abruf am 15.07.2015

Oekom research AG, (2015): www.oekom-research.com, Abruf am 28.10.2015

Oikocredit (2015): Über Oikocredit, http://www.oikocredit.de/ueber-uns/ueber-uns Abruf am 15.09.2015

Oikocredit Verkaufsprospekt (2013): Oikocredit – Geldanlage mit sozialer Wirkung, MediaCompany GmbH, 2014

Oikocredit Jahresabschluss 2014 (2015): http://www.oikocredit.de/ueber-uns/publikationen/jahresbericht, Abruf am 15.09.2015

Österreichische Wirtschaftskammer (2015): Länderprofil Elfenbeinküste, http://wko.at/statistik/laenderprofile/lp-elfenbeinkueste.pdf, Abruf am 02.11.2015

Österreichische Wirtschaftskammer (2015): Länderprofil Kambodscha, http://wko.at/statistik/laenderprofile/lp-kambodscha.pdf, Abruf am 02.11.2015

Österreichische Wirtschaftskammer (2015): Länderprofil Guatemala, http://wko.at/statistik/laenderprofile/lp-guatemala.pdf, Abruf am 02.11.2015

Österreichische Wirtschaftskammer (2015): Länderprofil Peru, http://wko.at/statistik/laenderprofile/lp-peru.pdf, Abruf am 02.11.2015

Österreichische Wirtschaftskammer (2015): Länderprofil Philippinen, http://wko.at/statistik/laenderprofile/lp-philippinen.pdf, Abruf am 02.11.2015

Österreichische Wirtschaftskammer (2015): Länderprofil Tansania, http://wko.at/statistik/laenderprofile/lp-tansania.pdf, Abruf am 02.11.2015

Pinner, W. (2003): Ethische Investments – Rendite mit "sauberen" Fonds, Gabler Verlag Wiesbaden 2003

responsAbility Global Microfinance Fond Halbjahresbericht (2009): http://doc.morningstar.com/document/23c6870db83f78bb.msdoc/?clientid=euretailsite&key=9ab7c1c01e51bcec&bcsi_scan_d3cc64e103ca0d89=Czrm8+fGQNtK9CYP+DOHb9Lt7kkBAAAAtEbQAA==, Abruf am 15.10.2015

responsAbility Global Microfinance Fund Halbjahresbericht 2014: http://www.responsability.com/investing/data/docs/de/14790/Ungepr%C3%BCfter-Halbjahresbericht-rAGMF-30-9-2014.pdf, Abruf: 15.10.2015

responsAbility Global Microfinance Fund Jahresbericht 2015: http://www.responsability.com/investing/data/docs/de/16332/Gepr%C3%BCfter-Jahresbericht-rAGMF-2015.pdf, Abruf am 15.10.2015

responsAbility Global Microfinance Fund Monatsbericht April 2015: http://www.responsability.com/investing/data/docs/de/3782/rAGMF-DE-02-14.pdf, Abruf am 15.10.2015

responsAbility Global Microfinance Fond Monatsbericht August (2014): http://www.responsability.com/investing/data/docs/de/8173/rAGMF-DE-08-14-raiffeisen.pdf, Abruf am 15.10.2015

Statista (2015): www.statista.com/statistik/daten/studie/75728/umfrage/inflation-vergleich-industrie--undentwicklungsländern-2008-bis-2010, Abruf am 23.10.2015

Seel, G. (2013): Das Emissionsverhalten von Pfandbriefbanken - Eine Analyse der Auswirkungen von Krisen und künftigen Regularien, Springer Gabler, Heidelberg, 2014

Steinwand, D. (2000): a risk management framwork for microfinance institutions, Eschborn 2000

Schneeweiß, A. (1998): Mein Geld soll Leben fördern: Hintergrund und Praxis ethischer Geldanlagen, Matthias-Grünewald-Verlag, Ostfildern, 1998

Sütterlin, S. (2007): „Mein Wort zählt" – Mikrokredite: Kleines Kapital, große Wirkung, Frankfurt am Main 2007

Syminvest (2015): www.syminvest.com, Abruf am 01.11.2015

Teufl, Andreas. (2015): http://www.diekleinanleger.com/nachhaltige-fonds-zustrom-haelt-an/ Abruf: 20.09.2015

The State of Microfinace Investment (2013): http://www.caf.com/media/1705552/microrate-the-state-of-microfinance-investment-2013.pdf, Abruf am 15.9.2015

Triodos Fair Share Fund Jahresabschluss 2011 (2012): https://www.triodos.com/downloads/investment-management/other-funds/triodos-fair-share-fund/fsf-annual-report-2011.pdf, Abruf am 14.10.2010

Triodos Fair Share Fund (2014): https://www.triodos.com/downloads/investment-management/looking-for-funding/inclusive-finance/annual-reports/tfsf-ar-2013.pdf, Abruf am 15.10.2015

Triodos Fair Share Fund (2015): https://www.triodos.com/en/investment-management/our-funds/overview-all-products/fair-share-fund/about-the-fund/, Abruf am 25.10.2015

von Schwanenflügel, M. (1993): Entwicklungszusammenarbeit als Aufgabe der Gemeinden und Kreisen, Duncker und Humboldt Hamburg (1993)

Yunus, M. (2008): Die Armut besiegen. Das Programm des Friedensnobelpreisträgers, Carl Hanser Verlag GmbH & Co. KG, München, 2008

Zinsentwicklung Sparkassenbuch mit 12 Monatlicher Kündigungsfrist (2015): Preisverzeichnis der Sparkasse Böblingen